Welch ein Singen, Musizieren

Geschichten, Lieder & Gedichte
aus der guten, alten Zeit

benno

Inhaltsverzeichnis

Osterhas & Co.

Wenn die Blümlein wieder prangen

Im Mai, wenn der Sommer nicht mehr weit ist

Frühlingsanzeichen

Vorfrühling

Vorfrühling seufzt in weiter Nacht,
dass mir das Herze brechen will;
die Lande ruhn so menschenstill,
nur ich bin aufgewacht.

Oh horch, nun bricht des Eises Wall
auf allen Strömen, allen Seen;
mir ist, ich müsste mit vergehn
und, Woge, wieder auferstehn
zu neuem Klippenfall.

Die Lande ruhn so menschenstill;
nur hier und dort ist wer erwacht,
und seine Seele weint und lacht,
wie es der Tauwind will.

Christian Morgenstern

Der Lenz verschiebt seine Premiere

Theater unten und Theater oben:
Erst kam die Sonne täglich zu den Proben,
und die Premiere war schon festgesetzt.
Da wurde sie (man kennt das ja) zuletzt
auf gänzlich unbestimmte Zeit verschoben.

Die kleinen Sträucher steh'n gekränkt im
Garten.
Komparserie muss eben immer warten.
Die Sonne, heißt es, sei indisponiert.
Das Stück vom Lenz wird später aufgeführt.
Was machen wir nun mit den Eintrittskarten?

Am Himmel hingen schon die ersten Geigen.
Die Veilchen übten sich schon im Verneigen.
Doch weil die Sonne noch nicht scheinen will,
spielt man derweil das alte Stück „April" –
so einen Schmarren wagt man uns zu zeigen!

Die Damen ließen sich bereits die netten
getupften Premierenkleider plätten.
Die dicken Herren riefen „Gott sei Dank!"
und feuerten die Westen in den Schrank.
Und liegen jetzt mit Schnupfen in den Betten.

Wir führten unser Herz zu früh spazieren.
Nun regnet es. Und die Gefühle frieren.
Denn sie sind ohne Schirm. Und sind verwaist.
Fast wie ein Kind, das ganz vergaß, wie's heißt.
Man kann Geduld wie einen Knopf verlieren ...

Mich lässt es kalt. Und wenn es morgen schneit,
der Frühling kommt schon noch. Ich habe Zeit.
Dass man den Lenz verschiebt, ist nicht so
wichtig.
Hauptsache ist, die Aufführung wird richtig!
Denn – „die Billetts behalten Gültigkeit".

Erich Kästner

Frühlingsluft

Der Frühling war gekommen; schon lagen viele Frühpflanzen, nachdem sie flüchtige schöne Tage hindurch mit ihren Blüten der Menschen Augen vergnügt, nun in stiller Vergessenheit dem stillen Berufe ihres Reifens, der verborgenen Vorbereitung zu ihrer Fortpflanzung ob. Schlüsselblümchen und Veilchen waren spurlos unter dem erstarkten Grase verschwunden, niemand beachtete ihre kleinen Früchtchen. Hingegen breiteten sich Anemonen und die blauen Sterne des Immergrün zahllos aus um die lichten Stämme junger Birken, am Eingange der Gehölze, die Lenzsonne durchschaute und überschien die Räumlichkeiten zwischen den Bäumen, vergoldete den bunten Waldboden; denn noch sah es hell und geräumig aus, wie in dem Hause eines Gelehrten, dessen Liebste dasselbe in Ordnung gebracht und aufgeputzt hat, ehe er von einer Reise zurückkommt und bald alles in die alte tolle Verwirrung versetzt. Bescheiden und abgemessen nahm das zartgrüne Laubwerk seinen Platz und ließ kaum ahnen, welche Gewalt und Herrlichkeit in ihm harrte. Die Blättchen saßen symmetrisch und zierlich an den Zweigen, zählbar, ein wenig steif, wie von der Putzmacherin angeordnet, die Einkerbungen und Fältchen noch höchst exakt und sauber, wie in Papier geschnitten und gepresst, die Stiele und Zweigelchen rötlich lackiert, alles äußerst aufgedonnert. Frohe Lüfte wehten, am Himmel kräuselten sich glänzende Wolken, es kräuselte sich das junge Gras an den Rainen, die Wolle auf dem Rücken der Lämmer, überall bewegte es sich leise mutwillig, die losen Flocken im Genicke der jungen Mädchen kräuselten sich, wenn sie in der Frühlingsluft gingen, es kräuselte sich in meinem Herzen.

Gottfried Keller

Der Frühling ist die schönste Zeit

Der Frühling ist die schönste Zeit!
Was kann wohl schöner sein?
Da grünt und blüht es weit und breit
im goldnen Sonnenschein.

Am Berghang schmilzt der letzte Schnee,
das Bächlein rauscht zu Tal,
es grünt die Saat, es blinkt der See
im Frühlingssonnenstrahl.

Die Lerchen singen überall,
die Amsel schlägt im Wald!
Nun kommt die liebe Nachtigall
und auch der Kuckuck bald.

Nun jauchzet alles weit und breit,
da stimmen froh wir ein:
Der Frühling ist die schönste Zeit!
Was kann wohl schöner sein?

Annette von Droste-Hülshoff

Winter ade!

So hört doch, was die Lerche singt!
Hört, wie sie frohe Botschaft bringt!
Es kommt auf goldnem Sonnenstrahl
der Frühling heim in unser Tal,
er streuet bunte Blumen aus
und bringet Freud' in jedes Haus.
Winter, ade!
Frühling, juchhe!

Was uns die liebe Lerche singt,
in unsern Herzen widerklingt.
Der Winter sagt: ade! ade!
Und hin ist Kälte, Reif und Schnee.
Und Nebel hin und Dunkelheit –
willkommen, süße Frühlingszeit!
Winter, ade!
Frühling, juchhe!

August Heinrich Hoffmann von Fallersleben

Frühlingsvormittag

Für Mary

Natürlich kommst du erst einmal ein Viertelstündchen zu spät – und dann musst du lachen, wie du mich da so an der Uhr stehen siehst, und dann sagst du: „Die Uhr geht überhaupt falsch!" Uhren, an denen sich Liebespaare verabreden, gehen immer falsch. Und dann gondeln wir los.

Das ist ein zauberischer Vormittag. Du trägst ein weich gefaltetes, weites Kleid, ganz hell, was dich noch blonder macht, einen kleinen Trotteur, wie ich ihn gern habe, und deine langen, zarten Wildlederhandschuhe; du duftest ganz zart nach irgendetwas, was du als Lavendel ausgibst – und was das Verzaubertste an diesem hellen Tage ist: Wir sprechen nicht ein einziges Mal von Zahlen. Es ist ganz merkwürdig und unberlinisch. Leider: ganz undeutsch.

Du sprichst von Kurland. Wie sich auf dem lettischen Bahnhof Männlein und Weiblein und Kindlein einträchtig in der Nase bohrten, der ganze Bahnhof bohrte in der Nase: Gendarmen, Bauern, Schaffner und Lokomotivführer. Ich finde, dass das dem Nachdenken sehr förderlich sei, und das willst du wieder nicht glauben.

Doch. Der Ausdruck: „in der Nase grübeln ...“ Weiter. Und dann erzählst du von den langen, langen Spaziergängen, die man in Kurland machen kann – und mir wird das Herz weit, wenn ich an das schönste Land denke, das wir beide kennen: Gottes propprer Protzprospekt für ein unglücklicherweise nicht geliefertes Deutschland.

Und dann gehen wir an kleinen Teichen vorbei, an einem steht seltsamerweise nicht einmal eine Tafel mit: Verboten – und wir wundern uns sehr. Und du patschst mit deinen neuen Lackhalbschuhen (du freundliche Mühlenaktie!) in einen Tümpel, und ich bin an allem schuld – und überhaupt. Aber dann ist das vorbei ...

Und in deinen Augen spiegelt sich der helle Frühlingstag, du siehst so fröhlich aus, und ich muss immer wieder darauf gucken, wie du dich bewegst. Und wieder sprechen wir von Russland und von deiner Heimat. Was ist es, das dich so bezaubernd macht?

Du bist unbefangen.

Und ich will dir mal was sagen:

Bei uns tun die feinen Leute alles so, wie es in ihren Zeitschriften drinsteht – und immer sehen sie sich fotografiert, fein mit Ei und durchaus „richtig“. Ihr überlegt gar nicht so viel. Ihr seid hübsch, und damit gut. Und ihr geht, schreitet, lacht, fahrt und trinkt so, wie es euch eure kleine Seele eingegeben hat – ohne darüber nachzudenken, wie das wohl „aussieht". Aber ihr fühlt immer, wie es aussieht – und ihr wollt immer, dass es hübsch aussehen soll. Und nichts ist euch unwichtig, und alles erheblich genug, um es mit Freude zu tun. Der Weg ist das Ziel.

Aber da hält ein Auto, darinnen sitzt Herr Kolonialwarenhändler Mehlhake (A.-G. für den Vertrieb von Mehlhakeschen Präparaten – „Wissen Se, schon wejen der Steuer!"), und so sieht auch alles aus: Frau Mehlhake ist so schrecklich richtig angezogen, dass wir aus dem Lachen und sie aus der feinsten Lederjacke nicht herauskommt, die kleinen Mehlhakes haben alle Automobilbrillen und schmutzige Fingernägel – und das Auto kostet heute mindestens seine ...

Aber wir wollten ja nicht von Zahlen sprechen an diesem Frühlingsvormittag.

Das Auto staubt davon. Wir gehen weiter, wir Wilden, wir bessern Menschen.

Denn mit dem Stil ist das wie mit so vielen Dingen: Man hat ihn, oder man hat ihn nicht.

Kurt Tucholsky

Jedes Jahr

Und immer wieder sinkt der Winter,
und immer wieder wird es Frühling,
und immer, immer wieder stehst du
und freust dich an dem ersten Grün,
und wenn die blauen Veilchen blühn,
und immer wieder ist es schön
und macht es jung und macht es froh,
und ob du's tausendmal gesehn:
wenn hoch in lauen blauen Lüften
die ersten Schwalben lustig zwitschern ...
immer wieder ... jedes Jahr ...
sag, ist das nicht wunderbar?

Cäsar Flaischlen

Frühlingsplätze

Es gibt Felder-, Wiesen- und Waldstellen, an denen es früher Frühling wird als sonst in der Landschaft, Plätze, die nach Norden hin von einer Waldwand oder einem Hügel geschützt und nach Süden offen liegen. Die Wärme, besonders die Wärme der Mittagssonne, lagert dort eine Weile und hält eine „besinnliche Viertelstunde" ab, ehe sie aufsteigt, um sich mit dem eisgekühlten Wind zu mischen und an der allgemeinen Erwärmung der Luft teilzunehmen.
An diesen Plätzen taut der Schnee früher als in den Felder- und Wälderweiten, und man hat es gemütlich wie in einer Stube, wenn man dort verweilt. Das Schmelzwasser sickert in die Erde, und die Erde beginnt zu duften, und im grauen Grasfell der Hänge werden die ersten Grünhaare sichtbar. Die Heidlerchen steigen auf, singen zwei, drei Probestrophen und fallen nach kurzem Aufflug in die kälteren Höhen wieder im gebräunten Heidekraut ein.
Eine solche Frühfrühlingsstelle ist zum Beispiel ein verlandender See in einem geschützten Wiesental in der Nähe unseres Vorwerks. Die Fischer und die Angler mögen diesen See nicht, aber die Hechte bevorzugen ihn, vielleicht, weil

die Fischer und die Angler ihn nicht schätzen, und das ist zu verstehen, denn es ist nur der Rest eines Sees inmitten eines großen Sumpfes, und der Sumpf hinwiederum ist ein verwandelter See, der vom Menschen nur eine andere Bezeichnung erhielt, oder er ist das Auge eines großen Sumpfes, das, wie man schon weiß, sich nach Jahrhunderten schließen wird. Mit seinem Geschling zerreißt er die Netze der Fischer, und er reißt den Anglern die Haken von den Sehnen der Ruten. Er verdaut alles, oder er ist der Safe, dem viele Menschengenerationen ihre Geheimsachen anvertrauten, ein Safe, der erst nach Jahrtausenden hergeben wird, was man ihm anvertraute: Goldschätze, Leichen schwedischer Krieger, Zeugnisse unglücklicher Liebe, Zeugnisse menschlicher Plagen, Munition in Kisten, „Panzerfäuste" und wer weiß was alles.

Nach Norden zu begrenzt diesen See ein Hügel, der einen Hochwald trägt. Sein unstetes Ufer ist von Mauern verkrüppelter Weiden, verzwergter Birken und buschiger Föhren umgeben. Die Vorfrühlingssonne schleudert ihre Wärme auf diesen Sumpf, und auf dem See schmilzt das Eis früher als auf allen anderen Seen in den Wäldern. Die Erlzweige färben sich bläulichrot, und die Haarzweige der Birken schimmern violett, während die Nester der Reiher und der Raubvö-

gel noch unberührt und starr wie Reisigbündel in den Kiefernkronen liegen.
Brandgänse, die sich auf ihrer Nordfahrt verfrühten, benutzen den See als willkommene Zwischenherberge, und die ersten Falter, die auf den Hausböden des Vorwerks ausschlüpften, flattern diesem Flecken Südland zu, als hätten sie zuverlässige Nachrichten erhalten, und vielleicht haben sie das auch, und wir wissen nur noch nicht wie. Die etwas winterkümmerlichen Tagpfauenaugen nippen am Nektar des Huflattichs, und sie sterben am Abend unvermehrt, und sie sterben in dem kleinen Schmetterlingsglauben, dass es die Sonne war und ein Frühfrühlingstag, den sie erleben sollten, und dass es die Wärme und das Licht eines Tages war, das sie drang, über diese Erde zu fliegen, und dass sie das Raupenleben hinter sich ließen und Schmetterlinge wurden, um das Gefühl des eigenmächtigen Fliegens kennenzulernen.
Hierher kommen auch die Kiebitze, die sich zu zeitig in ihre Sommerheimat wagten. Ihr Flug ist so bar aller gerader Linien, ist so taumelig wie der Schmetterlingsflug, und wenn sie waagerecht fliegen, diese befiederten Schmetterlinge, wie es sich für Vögel ihrer Größe gehört, ist ihr Flügelschlag gewellt, und sie fliegen auf der Seite, besser gesagt, auf einem Flügel liegend, und sie quieken und sie kollern dabei und fah-

ren aufeinander los. Die Männchen kämpfen miteinander, und die Weibchen necken einander, und sie sind Drüsenflieger, die nicht wissen, was der Frühling von ihnen will.

Jahrsüber liegen die Frühfrühlingsstellen unauffällig in der Landschaft, und niemand kennt sie, denn ihre hohe Zeit ist der Winterausgang.

Wenn der allgemeine Frühling in unserem Gebiet zu lange auf sich warten lässt, reite ich von Frühfrühlings- zu Frühfrühlingsstelle und fertige mir einen kleinen Sonderfrühling an, einen Frühfrühlingsvorschuss, um meine Stimmung anzuheben: „Das Gras wächst, bildet Zelle an Zelle, Schneeglöckchen stehn im Hochzeitswind …", und jene Frühlingsvorplätze erscheinen mir wie Quellen, aus denen der eigentliche Frühling hervorsprudelt. Die Quellgebiete vergrößern sich von Tag zu Tag, und eines Tages vereinigen sie sich miteinander, und der Frühling überflutet das ganze Land.

Erwin Strittmatter

Der Frühling

Der Frühling ist ein Maler,
er malet alles an,
die Berge mit den Wäldern,
die Täler mit den Feldern:
Was der doch malen kann!

Auch meine lieben Blumen
schmückt er mit Farbenpracht:
Wie sie so herrlich strahlen!
So schön kann keiner malen,
so schön, wie er es macht.

O könnt' ich doch so malen,
ich malt' ihm einen Strauß
und spräch' in frohem Mute
für alles Lieb' und Gute
so meinen Dank ihm aus!

August Heinrich Hoffmann von Fallersleben

Die erste Frühlingssonne war schuld

Mit Heise war alles verabredet. Wir wollten nach Schattingen. Kleinigkeit von 140 Kilometern. Netter Kurort und kleine Preise. Mein Wagen stand frisch gewaschen vorm Haus. Ich wartete nur noch auf Heise. Da klingelte das Telefon! Wie es denn wäre, ob ich nicht mit dem Wagen vorbeikommen könnte. Das wäre doch viel einfacher, als dass sie jetzt erst zu mir kommen müssten, zumal sie nun doch etwas Gepäck hätten – allerdings nur ein paar Kleinigkeiten.

Na schön, ich holte Heise ab und merkte, dass die schier endlose Anfahrt unsere Abreise nach Schattingen sich um eine geschlagene Stunde verzögerte. Heises wohnten weiter, als ich dachte. Ich hupte unten, und Heise – sahnigen Rasierschaum im Gesicht – guckte oben aus dem Fenster. Er winkte: „Komme gleich!" Schon nach zwanzig Minuten war er da. „Wie ist das?", sagte er und steckte seinen Kopf durch das Wagenfenster. „Ganz überraschend Besuch bekommen. Kann er mit?" Mein Blick irritierte ihn, er beschwichtigte mich sofort: „Sind Verwandte – meine Schwägerin mit Kind. Ich kann da schlecht Nein sagen."

Ich rechnete. Heise mit Frau, Schwägerin mit Kind, machen vier Personen aus. Mit mir waren es fünf. Na ja, schließlich können hinten drei Personen sitzen. Da kamen sie schon, das Mädchen vier Jahre, die Schwägerin vierundzwanzig, Heise mit Frau und – Hund. Von dem Hund hatte ich auch nichts gewusst. Und dann kamen drei Koffer. Heise sagte immer „Köfferchen“. Aber es ging zur Not, und wir konnten fahren. Heise mit Frau und Kind saß hinten, die Schwägerin neben mir. Der Hund saß nirgends, er wanderte. Einmal hatte ich ihn am Hals, dann biss er das Mädchen, dann wimmelte ihn die Schwägerin ab, bis ich ihn wieder auf dem frischen Oberhemd hatte.

„Komisch“, sagte Heise, „hätte geschworen, du fährst sonst schneller. Gib doch mal ’n bisschen Gas!“

Die Schwägerin fasste mir in jeder zweiten Kurve ins Lenkrad. Wie viele Unfälle ich schon gehabt hätte, wollte sie wissen und sah mich misstrauisch an, bis sie bei der nächsten Kurve wieder aufstöhnte. Dann wurde ihr schlecht. Sie behalf sich mit einem Eau de Cologne von solcher Penetranz, dass alle Fenster geöffnet werden mussten. „Es zieht“, sagte Frau Heise, „ich möchte vorn sitzen!“ Beim Halten fand Heise seine Zigarre wieder, die ihm brennend verloren gegangen war.

Dann ging es weiter. Aber nicht lange. Das Mädchen sollte nach vorn. „Da sieht es mehr." Außerdem würde es dann aufhören zu weinen. Das war richtig, denn hier hatte es genug zu tun; die Scheibenwischer musste ich anstellen, und hupen musste ich. Dann hupte das Kind ganz allein, und den Schalter für die Scheibenwischer fand es auch schon. Auf den hinteren Sitzen herrschte beste Stimmung. Nicht bei uns, denn Lieschen hatte sich auf den Sitz gestellt und trat abwechselnd Frau Heise und mir auf der Konfektion herum. Die kleinen Patschhändchen hatte das liebe Kind gegen die Scheibe gestützt, und da es außerdem noch Bonbons aß, verfinsterte sich mit der Scheibe auch meine gute Laune.

„Noch vierzehn Kilometer bis Schattingen", kam ein Schild. Da tippte mir Heise auf die rechte Schulter: „Stopp! Hier rechts rein ... rechts ... rechts!!"

Es war ein kleiner Seitenweg. Heise erklärte mir, dass wir hier nicht nur abschneiden würden, sondern außerdem eine wunderschöne Aussicht hätten.

Im ersten Augenblick machte der Seitenweg nicht den besten Eindruck. Es war wohl ein ausgetretener Fußweg, aber die Baumstümpfe machten das Fahren zu einer Quälerei. „Das wird da vorne besser", belehrte mich Heise.

Es kam kein Vorne, zumindest kein besseres. Der Weg wurde allmählich schmaler, und manchem Baumstumpf konnte ich nicht mehr ausweichen. Beim achtzehnten Stumpf geschah allerlei; das Kind hatte sich gestoßen, der Tante war wieder schlecht geworden, und Heise suchte erregt seine zweite Zigarre. Frau Heise war böse und sagte nichts mehr. Nach weiteren vierzig Baumstümpfen wurde aus dem Weg ein schmaler Fußgängersteig vor einem Graben, über den zwei Bretter als Brücke führten. Ich sah Heise an, Heise sah mich an, hieb sich aufs Knie und sagte lächelnd, dass das der falsche Weg wäre.

Das sei ihm auch die ganze Zeit schon so komisch vorgekommen. Darauf bekamen beide Eheleute Streit, und jetzt war die Schwägerin böse. Sie wollte aussteigen und zu Fuß weitergehen. Da stiegen alle aus. Ich musste rückwärts hinaus mit meinem Wagen. An Wenden war nicht mehr zu denken. Vor meinem Kühler schrien die Heises: „Liiiinks ... reeechts ... haalt ... mehr links!"

Eine Stunde später waren wir wieder auf der Straße, und alle stiegen ein. Lieschen mit einer Handvoll Blaubeeren. (Die Flecke sind heute noch im Polster.) Dann ging's weiter. Noch zehn Kilometer bis Schattingen. „Da rechts ... rechts rein!", brüllte Heise von hinten. „Das ist

der Weg, den ich gemeint hatte!“ Ich fuhr geradeaus, und von da ab war Heise böse. Nun sprach niemand mehr, und als wir in Schattingen ankamen, war es kurz vor Mitternacht.
Kein Hotel wollte uns mehr aufnehmen. Bis ich meinen Wagen geparkt und mich selbst restauriert hatte, waren die drei plus Kind längst im Gasthaus verschwunden und bearbeiteten kauend die letzten Portionen. Für mich war nichts mehr da. Hungernd und hundemüde fragte ich nach einem Zimmer, ich flehte – nichts! Überall mitleidiges Bedauern. „Wir hätten früher hier sein müssen“, seufzte Heise, „zu langsam gefahren.“
Frau Heise zupfte an ihrem Kleid. „Ich muss sowieso zurück, mein Kleid ist ganz verdrückt. So bleibe ich keine Stunde hier.“
Im Dunkeln tappten wir auf meinen Wagen zu. Dabei rutschte die Schwägerin in einen Wassergraben mit Brennnesseln. Wütend rauschte sie zum Wagen, riss die Tür auf und knallte sie Lieschen gegen den Kopf.
In dem Tohuwabohu klemmte sich Frau Heise die Finger in der Tür, und Heise setzte sich auf seine Zigarren. Nur einer – der menschlichen Auseinandersetzungen überdrüssig – fand nicht mehr zum Wagen zurück. Das war der Hund. Ich startete und fuhr. Es war eine herrlich ruhige Fahrt. Keiner sprach ein Wort. Nach

zwei Stunden standen wir vor Heises Haustür. „Herr Heise“, sagte ich, denn inzwischen waren wir wieder per Sie, „diese beiden Fahrten vergesse ich nie.“
„Wieso zwei?“, fragte Heise. „Meine erste und letzte mit Ihnen!“
Heises wollten noch einiges sagen ... Ich fuhr ab. Dreimal knallte es im Auspuff. Sogar er machte seinem Ärger Luft.

Peter Frankenfeld

Alle Vögel
sind
schon da

Alle Vögel sind schon da

Alle Vögel sind schon da, alle Vögel
alle! Welch ein Singen, Musizieren,
Pfeifen, Zwitschern, Tiriliern!
Frühling will nun einmarschiern,
kommt mit Sang und Schalle.

Wie sie alle lustig sind,
flink und froh sich regen.
Amsel, Drossel, Fink und Star
und die ganze Vogelschar
wünschen uns ein frohes Jahr,
lauter Heil und Segen.

Was sie uns verkünden nun,
nehmen wir zu Herzen:
Wir auch wollen lustig sein,
lustig wie die Vögelein
hier und dort, feldaus, feldein
singen, springen, scherzen.

August Heinrich Hoffmann von Fallersleben

Der Star von Segringen

Selbst einem Staren kann es nützlich sein, wenn er etwas gelernt hat, wie viel mehr einem Menschen! In einem respektabeln Dorf, ich will sagen, in Segringen, es ist aber nicht dort geschehen, sondern hier im Land, und derjenige, dem es begegnet ist, liest es vielleicht in diesem Augenblick, nicht der Star, aber der Mensch. In Segringen der Barbier hatte einen Star, und der wohlbekannte Lehrjung gab ihm Unterricht im Sprechen. Der Star lernte nicht nur alle Wörter, die ihm sein Sprachmeister aufgab, sondern er ahmte zuletzt auch selber nach, was er von seinem Herrn hörte, zum Exempel: „Ich bin der Barbier von Segringen.“ Sein Herr hatte sonst noch allerlei Redensarten an sich, die er bei jeder Gelegenheit wiederholte, zum Exempel: „So so lala“; oder „Par compagnie“ (das heißt so viel als: in Gesellschaft mit andern) oder: „Wie Gott will“ oder: „Du Tollpatsch“. So titulierte er nämlich insgeheim den Lehrjungen, wenn der das halbe Pflaster auf den Tisch strich, anstatt aufs Tuch, oder wenn er das Schermesser am Rücken abzog, anstatt die Schneide, oder wenn er ein Gütterlein verheite. Alle diese Redensarten lernte nach und nach der Star auch.

Da nun täglich viel Leute im Haus waren, weil der Barbier auch Branntewein ausschenkte, so gab's manchmal viel zu lachen, wenn die Gäste miteinander ein Gespräch führten, und der Star warf auch eins von seinen Wörtern drein, das sich dazu schickte, als wenn er den Verstand davon hätte; und manchmal, wenn ihm der Lehrjung rief: „Hansel, was machst du?", antwortete er: „du Tollpatsch", und alle Leute in der Nachbarschaft wussten von dem Hansel zu erzählen.

Eines Tages aber, als ihm die beschnittenen Flügel wieder gewachsen waren und das Fenster war offen und das Wetter schön, da dachte der Star: „Ich hab' jetzt schon so viel gelernt, dass ich in der Welt kann fortkommen", und husch zum Fenster hinaus. Weg war er. Sein erster Flug ging ins Feld, wo er sich unter eine Gesellschaft anderer Vögel mischte, und als sie aufflogen, flog er mit ihnen, denn er dachte: „Sie wissen die Gelegenheit hierzuland besser als ich." Aber sie flogen unglücklicherweise alle miteinander in ein Garn. Der Star sagte: „Wie Gott will." Als der Vogelsteller kommt und sieht, was er für einen großen Fang getan hat, nimmt er einen Vogel nach dem andern behutsam heraus, dreht ihm den Hals um und wirft ihn auf den Boden. Als er aber die mörderischen Finger wieder nach einem Gefangenen ausstreckt und

denkt an nichts, schreit der Gefangene: „Ich bin der Barbier von Segringen.“ Als wenn er wüsste, was ihn retten muss. Der Vogelsteller erschrak anfänglich, als wenn es hier nicht mit rechten Dingen zuginge, nachher aber, als er sich erholt hatte, konnte er kaum vor Lachen zu Atem kommen; und als er sagte: „Ei, Hansel, hier hätt' ich dich nicht gesucht; wie kommst du in meine Schlinge?“, da antwortete Hansel: „Par compagnie.“ Also brachte der Vogelsteller den Star seinem Herrn wieder und bekam ein gutes Fanggeld. Der Barbier aber erwarb sich damit einen guten Zuspruch, denn jeder wollte den merkwürdigen Hansel sehen, und wer jetzt noch weit und breit in der Gegend will zur Ader lassen, geht zum Barbier von Segringen.
Merke: So etwas passiert einem Star selten. Aber schon mancher junge Mensch, der auch lieber herumflankieren als daheimbleiben wollte, ist ebenfalls par compagnie in die Schlinge geraten und nimmer herauskommen.

Johann Peter Hebel

Die Boten des Frühlings

Wenn nun der Frühling seine Boten sendet, die Lerchen und die Quellen und die Blumen, und wenn die warmen Wolken fliegen und die Knospen brechen, und nachts die Nachtigallen unter den Sternen ziehen, und die Nächte gehen und die Tage kommen, und zarte Herzen wonnig weinen und sich sehnen, und die Nachtigallen in die Tränen schlagen, und die Freuden weinen und die Schmerzen lächeln, und weiße Blüten durch den blauen Himmel weben und auf Blumen niederflattern, und blau und warm der Himmel ist und grün und warm die Erde, und das Leben glänzt wie eine Sonne und das Sterben schimmert wie ein Mond: So glaubt der Mensch, nun komme der Lenz. Aber schon vorübergeflattert ist er, und der fliegende Gott ist den süßbetränten Augen entschwunden, noch ehe sie sich abgetrocknet; und die Menschen sehen umher und hoffen wieder auf den Frühling.

Jean Paul

Die Vogelhochzeit

1. Ein Vogel wollte Hochzeit machen
in dem grünen Walde.
Fiderallala, fiderallala, fiderallalalala.

2. Die Drossel war der Bräutigam,
die Amsel war die Braute. Fiderallala ...

3. Die Lerche, die Lerche,
die führt die Braut zu Kerche. Fiderallala ...

4. Der Auerhahn, der Auerhahn,
derselbig war der Kapellan. Fiderallala ...

5. Die Meise, die Meise,
die sang das Kyrieleise. Fiderallala ...

6. Die Gänse und die Anten,
das warn die Musikanten. Fiderallala ...

7. Der Pfau mit seinem bunten Schwanz
macht mit der Braut den ersten Tanz.
Fiderallala ...

8. Der Kibitz, der Kibitz,
der macht dabei den schönsten Witz.
Fiderallala ...

9. Der Seidenschwanz, der Seidenschwanz,
der sang das Lied vom Jungfernkranz.
Fiderallala ...

10. Die Puten, die Puten,
die machten breite Schnuten. Fiderallala ...

11. Brautmutter war die Eule,
nahm Abschied mit Geheule. Fiderallala ...

12. Das Finkelein, das Finkelein,
das führt die Braut ins Kämmerlein.
Fiderallala ...

13. Der Uhu, der Uhu,
der macht die Fensterladen zu. Fiderallala ...

14. Der Hahn, der krähte: „Gute Nacht!"
Da ward die Lampe ausgemacht.
Fiderallala ...

15. Nun ist die Vogelhochzeit aus,
und alle ziehn vergnügt nach Haus.
Fiderallala ...

Volkslied

Geheimnis an Ostern

Osterspaziergang

Vom Eise befreit sind Strom und Bäche
durch des Frühlings holden, belebenden Blick.
Im Tale grünet Hoffnungsglück.
Der alte Winter in seiner Schwäche
zog sich in rauhe Berge zurück.
Von dort her sendet er, fliehend, nur
ohnmächtige Schauer körnigen Eises
in Streifen über die grünende Flur.
Aber die Sonne duldet kein Weißes.
Überall regt sich Bildung und Streben,
alles will sie mit Farben beleben.
Doch an Blumen fehlt's im Revier.
Sie nimmt geputzte Menschen dafür.
Kehre dich um, von diesen Höhen
nach der Stadt zurückzusehen.
Aus dem hohlen, finstern Tor
dringt ein buntes Gewimmel hervor.
Jeder sonnt sich heute so gern.
Sie feiern die Auferstehung des Herrn,
denn sie sind selber auferstanden.
Aus niedriger Häuser dumpfen Gemächern,
aus Handwerks- und Gewerbesbanden,
aus dem Druck von Giebeln und Dächern,
aus der Straßen quetschender Enge,
aus der Kirchen ehrwürdiger Nacht

sind sie alle ans Licht gebracht.
Sieh nur, sieh, wie behend sich die Menge
durch die Gärten und Felder zerschlägt,
wie der Fluss in Breit und Länge
so manchen lustigen Nachen bewegt,
und, bis zum Sinken überladen,
entfernt sich dieser letzte Kahn.
Selbst von des Berges fernen Pfaden
blinken uns farbige Kleider an.
Ich höre schon des Dorfs Getümmel.
Hier ist des Volkes wahrer Himmel.
Zufrieden jauchzet Groß und Klein:
Hier bin ich Mensch, hier darf ichs sein!

Johann Wolfgang von Goethe

Osterpredigt in Reimen

Verehrter Mitmensch, höre und vernimm
freundwillig mit Hulden und ohne Grimm:
Dieweil es nun Ostern geworden ist,
sollst du, von welcher Art du auch bist,
ob Heide, Jude, Moslem, Christ,
durchaus vergnügt im Herzen sein,
osterwürdig und osterrein.

Mit einem Birkenreise kehre
aus deiner Seele den Geist der Schwere!
Der Wenns und Abers und Achs und Os,
die hart und starr dein Herz umwindet,
dass der Geist der Leichte kaum Eingang findet,
mache dich hurtig und heiter los!

Du brauchst nichts weiter dazuzutun,
als dich im Grünen auszuruhn.
Da atmet sich's sehr wonnig ein,
was dir das Herz macht frei und rein:
Der jungen Blumen frischer Hauch
und die Augen haben der Wonne auch,
denn nichts ist lieblicher anzusehn,
als wie sie da hold beisammenstehn,
blau, weiß und rosa, klar und licht,
der Erde süßestes Ostergedicht.

An ihnen dir ein Beispiel zu nehmen,
sollst du, ach Mensch, dich keineswegs
schämen!
Vergiss dein Gehirn eine Weile und sei
gedankenlos dem lieben Leben
blumeninnig hingegeben;
vergiss dein Begehren, vergiss dein Streben
und sei in seliger Einfalt frei
des Zwangs, der dich durchs Hirn regiert!

Er hat dich freilich hoch geführt
und vieles dir zu wissen gegeben,
aber das allertiefste Leben
wird nicht gewusst, wird nur gespürt.
Der Blumen zarte Wurzeln fühlen
im keimlebendigen, frühlingskühlen
Erdboden mehr von ihm als du.
Und bist doch auch ein Kind der Erde.
Dass sie nicht sinnenfremd dir werde,
wende ihr heut die Sinne zu!

Das ist der festlich tiefe Sinn
der Ostertage: Mit Entzücken
sollst du zum Mutterschoß dich bücken.
Gib heut, o Mensch, dich innerst zu beglücken,
der Mutter Erde frühlingsfromm dich hin!

Otto Julius Bierbaum

Christ ist erstanden

Christ ist erstanden
von der Marter alle.
Des solln wir alle froh sein;
Christ will unser Trost sein.
Kyrieleis.

Wär er nicht erstanden,
so wär die Welt vergangen.
Seit dass er erstanden ist,
so freut sich alles, was da ist.
Kyrieleis.

Halleluja, Halleluja, Halleluja,
des solln wir alle froh sein;
Christ will unser Trost sein.
Kyrieleis.

Volkslied

Auferstehung

Vier Priester stehen im weiten Dom der Natur und beten an Gottes Altären, den Bergen – der eisgraue Winter mit dem schneeweißen Chorhemd – der sammelnde Herbst mit Ernten unter dem Arm, die er Gott auf den Altar legt und die der Mensch nehmen darf – der feurige Jüngling, der Sommer, der bis nachts arbeitet, um zu opfern – und endlich der kindliche Frühling mit seinem weißen Kirchenschmuck von Blüten, der wie ein Kind Blumen und Blütenkelche um den erhabenen Geist herumlegt und an dessen Gebete alles mitbetet, was ihn beten hört. – Und für Menschenkinder ist ja der Frühling der schönste Priester. Diesen Blumenpriester sah der kleine Gustav zuerst am Altar. Vor Sonnenaufgang, am ersten Junius (unten wars Abend), kniete der Genius schweigend hin und betete mit den Augen und stumm zitternden Lippen ein Gebet für Gustav, das über sein ganzes gewagtes Leben die Flügel ausbreitete. Eine Flöte hob oben ein inniges liebendes Rufen an, und der Genius sagte, selber überwältigt: „Es ruft uns heraus aus der Erde, hinauf gen Himmel; geh mit mir, mein Gustav.“ Der Kleine bebte vor Freude und Angst. Die Flöte tönet fort – sie gehen den Nachtgang der Himmelleiter hinauf – zwei ängstliche Herzen zerbrechen mit ihren Schlägen beinahe die Brust – der Genius stößet die Pforte auf, hinter der die Welt steht – und hebt sein Kind in die Erde und unter den Himmel hinaus ... Nun schlagen die hohen Wogen des lebendigen Meers über Gustav zusammen – mit stockendem Atem, mit erdrücktem Auge, mit überschütteter Seele steht er vor dem unübersehlichen Angesicht der Natur und hält sich zitternd fester an seinen Genius ... Als er aber nach dem ersten Erstarren seinen Geist aufgeschlossen, aufgerissen hatte für diese Ströme – als er die tausend Arme fühlte, womit ihn die hohe Seele des Weltalls an sich drückte – als er zu sehen vermochte das grüne taumelnde Blumenleben um sich und die nickenden Lilien, die lebendiger ihm erschienen als seine, und als er die zitternde Blume totzutreten fürchtete – als sein wieder aufwärts geworfnes Auge in dem tiefen Himmel, der Öffnung der Unendlichkeit, versank – und als er sich scheuete vor dem Herunterbrechen der herumziehenden schwarzroten Wolkengebirge und der über seinem Haupt schwimmenden Länder – als er die Berge wie neue Erden auf unserer liegen sah – und als ihn umrang das unendliche Leben, das gefiederte neben der Wolke fliegende Leben, das summende Leben zu seinen Füßen, das goldne kriechende Leben auf allen Blättern, die lebendigen, auf ihn winkenden Arme und Häupter der Riesenbäume – und als der Morgenwind ihm der große Atem eines kommenden Genius schien und als die flatternde Taube sprach und der Apfelbaum seine Wange mit einem kalten Blatt bewarf – als endlich sein belastet-gehendes Auge sich auf den weißen Flügeln eines Sommervogels tragen ließ, der ungehört und einsam über bunte Blumen wogte und ans breite grüne Blatt sich wie eine Ohrrose versilbernd hing ...: So fing der Himmel an zu brennen, der entflohenen Nacht loderte der nachschleifende Saum ihres Mantels weg, und auf dem Rand der Erde lag, wie eine vom göttlichen Throne niedergesunkene Krone Gottes, die Sonne. Gustav rief: „Gott steht dort", und stürzte mit geblendetem Auge und Geiste und mit dem größten Gebet, das noch ein kindlicher zehnjähriger Busen fasste, auf die Blumen hin ...

Schlage die Augen nur wieder auf, du Lieber! Du siehest nicht mehr in die glühende Lavakugel hinein; du liegst an der beschattenden Brust deiner Mutter, und ihr liebendes Herz darin ist deine Sonne und dein Gott – zum ersten Mal sieh das unnennbar holde, weibliche und mütterliche Lächeln, zum ersten Male höre die elterliche Stimme; denn die ersten zwei Seligen,

die im Himmel dir entgegengehen, sind deine Eltern. O himmlische Stunde! Die Sonne strahlt, alle Tautropfen funkeln unter ihr, acht Freudentränen fallen mit dem milderen Sonnenbilde nieder, und vier Menschen stehen selig und gerührt auf einer Erde, die so weit vom Himmel liegt! Verhülltes Schicksal! Wird unser Tod sein wie Gustavs seiner? Verhülltes Schicksal! Das hinter unsrer Erde wie hinter einer Larve sitzet und das uns Zeit lässet, zu sein – ach! Wenn der Tod uns zerleget und ein großer Genius uns aus der Gruft in den Himmel gehoben hat, wenn dann seine Sonnen und Freuden unsere Seele überwältigen, wirst du uns da auch eine bekannte Menschenbrust geben, an der wir das schwache Auge aufschlagen? O Schicksal! Gibst du uns wieder, was wir niemals hier vergessen können? Kein Auge wird sich auf dieses Blatt richten, das hier nichts zu beweinen und nichts dort wiederzufinden hat: Ach, wird es nach diesem Leben voll Toter keiner bekannten Gestalt begegnen, zu der wir sagen können: „Willkommen"? ...
Das Schicksal steht stumm hinter der Larve; die menschliche Träne steht dunkel auf dem Grabe; die Sonne leuchtet nicht in die Träne. – Aber unser liebendes Herz stirbt in der Unsterblichkeit nicht und vor dem Angesichte Gottes nicht.

Jean Paul

Weg nach Emmaus

Wir wussten's nicht, es war der Ostertag.
Wir waren unterwegs bei schrägem
Sonnenlicht,
da uns der Tempelberg schon längst im
Rücken lag
und noch von Emmaus kein Dach in Sicht.
Sah'n das Land an uns vorübergleiten,
während wir hindurchgewandert sind:
Menschen, viele Orte, Jahreszeiten,
Vogelflug in unerreichten Weiten,
hin und wieder schon der Abendwind.
Neben unsern Schritten seine Schritte,
da er sich plötzlich zu uns gesellt.
Im finstern Tag ging er in unsrer Mitte.
In unserm Zwiegespräch war er der Dritte.
Und er erklärte durch sein Wort die Welt.
Er zog mit uns in wechselnden Gestalten,
uns sehr vertraut, uns völlig unbekannt.
Zuweilen konnten wir sein Bild behalten.
Im Neugewordnen sahen wir den Alten,
und seltsam hat in uns das Herz gebrannt.
Nun, da der Tag sich neigt und wir die Tür
aufklinken,
brennt schon die Lampe, ist der Tisch gedeckt
und Brot zu essen, Wein ist da zu trinken.

Es ist wie Aufgang mitten im Versinken,
und nun am Abend werden wir geweckt.
Der dort am Tische sitzt und uns das Brot
gebrochen
und der mit uns im Wechselwort gesprochen,
der Herr, mit dem wir redeten und handelten,
der dort am Tische sitzt und uns den Kelch
gesegnet
und der so vielgestaltig uns begegnet,
er blieb sich immer gleich,
doch wir sind die Verwandelten.
Noch am Abend brechen wir auf.

Klaus-Peter Hertzsch

Geschichte eines Genies

„So wär' ich denn auf die Welt gekommen", sagte der Schmetterling, schwebte über einen braunen Zweig hin und her und betrachtete die Gegend. Milde Märzsonne war über dem Park, drüben auf den Hängen lag noch einiger Schnee, und feucht glänzend zog die Landstraße zu Tal. Zwischen zwei Gitterstäben flog er ins Freie. „Dieses also ist das Universum", dachte der Schmetterling, fand es im Ganzen bemerkenswert und machte sich auf die Reise. Es fror ihn ein wenig, aber da er so rasch als möglich weiterflog und die Sonne immer höher stieg, wurde ihm allmählich wärmer. Anfangs begegnete er keinem lebenden Wesen. Später kamen ihm zwei kleine Mädchen entgegen, die sehr erstaunt waren, als sie ihn gewahrten, und in die Hände klatschten. „Ei", dachte der Schmetterling, „ich werde mit Beifall begrüßt, offenbar seh' ich nicht übel aus." Dann begegnete er Reitern, Maurergesellen, Rauchfangkehrern, einer Schafherde, Schuljungen, Bummlern, Hunden, Kindermädchen, Offizieren, jungen Damen; und über ihm in der Luft kreisten Vögel aller Art.

„Dass es nicht viel meinesgleichen gibt", dachte der Schmetterling, „das hab' ich vermutet, aber dass ich der einzige meiner Art bin, das übertrifft immerhin meine Erwartungen."

Er segelte weiter, wurde etwas müde, bekam Appetit und ließ sich zum Erdboden nieder; aber nirgends fand er Nahrung.

„Wie wahr ist es doch", dachte er, „dass es das Los des Genies ist, Kälte und Entbehrungen zu leiden. Aber nur Geduld, ich werde mich durchringen." Indes stieg die Sonne immer höher, dem Schmetterling wurde wärmer, und mit neuen Kräften flog er weiter. Nun erhob sich die Stadt vor ihm, er schwebte durchs Tor, über Plätze und Straßen, wo sich viele Menschen ergingen; und alle, die ihn bemerkten, waren erstaunt, lächelten einander vergnügt zu und sagten: „Nun will es doch Frühling werden." Der Schmetterling setzte sich auf den Hut eines jungen Mädchens, wo eine Rose aus Samt ihn anlockte, aber die seidenen Staubfäden schmeckten ihm durchaus nicht. „Daran sollen es sich andre genügen lassen", dachte er, „ich für meinen Teil will weiter hungern, bis ich einen Bissen finde, der meines Gaumens würdig ist."

Er erhob sich aus dem Kelch, und durch ein offenes Fenster schwebte er in ein Zimmer, wo Vater, Mutter und drei Kinder bei Tische saßen. Die Kinder sprangen auf, als der Schmetterling über den Suppentopf geflattert kam, der große Junge haschte nach ihm und hatte ihn gleich bei den Flügeln.

„Also auch das muss ich an mir erfahren“, dachte der Schmetterling nicht ohne Bitterkeit und Stolz, „dass ein Genie Verfolgungen preisgegeben ist.“ Diese Tatsache war ihm ebenso bekannt wie alle übrigen, denn da er ein Genie war, hatte er die Welt antizipiert.

Da der Vater dem Jungen einen Schlag auf die Hand gab, ließ er den Schmetterling los, und dieser flog eiligst wieder ins Freie, nicht ohne den Vorsatz, seinen Retter bei nächster Gelegenheit fürstlich zu belohnen.

Durch das Stadttor flatterte er wieder auf die Landstraße hinaus. „Nun wäre es wohl genug für heute“, dachte er.

„Meine Jugend war so reich an Erlebnissen, dass ich daran denken muss, meine Memoiren zu diktieren.“ Ganz in der Ferne winkten die Bäume des heimatlichen Gartens. Immer heftiger wurde die Sehnsucht des Schmetterlings nach einem warmen Plätzchen und nach Blütenstaub. Da gewahrte er mit einem Mal irgendetwas, das ihm entgegengeflattert kam und im Übrigen genauso aussah wie er selbst. Einen Augenblick lang stutzte er, gleich aber besann er sich und sagte: „Über diese höchst sonderbare Begegnung hätte sich ein anderer wahrscheinlich gar keine Gedanken gemacht. Für mich aber ist sie der Anlass zu der Entdeckung, dass man in gewissen durch Hunger und Kälte erzeugten Erregungszuständen sein eigenes Spiegelbild in der Luft zu gewahren vermag."

Ein Junge kam gelaufen und fing den neuen Schmetterling mit der Hand. Da lächelte der erste und dachte: „Wie dumm die Menschen sind. Nun denkt er, er hat mich, und er hat doch nur mein Spiegelbild gefangen."

Es flimmerte ihm vor den Augen, und er wurde immer matter. Und als er gar nicht mehr weiterkonnte, legte er sich an den Rand des Wegs, um zu schlummern. Die Kühle, der Abend kam, der Schmetterling schlief ein. Die Nacht zog über ihn hin, der Frost hüllte ihn ein. Beim ersten Sonnenstrahl wachte er noch einmal auf. Und da sah er vom heimatlichen Garten her Wesen herbeigaukeln, eines ... zwei ... drei ... immer mehr, die alle so aussahen wie er und über ihn hinwegflogen, als bemerkten sie ihn nicht. Müde sah der Schmetterling zu ihnen auf und versank in tiefes Sinnen. „Ich bin groß genug", dachte er endlich, „meinen Irrtum einzusehen. Gut denn, es gibt im Universum Wesen, die mir ähnlich sind, wenigstens äußerlich."

Auf der Wiese blühten die Blumen, die Falter ruhten auf den Kelchen aus, nahmen herrliche Mahlzeiten ein und flatterten weiter.

Der alte Schmetterling blieb auf dem Boden liegen. Er fühlte eine gewisse Verbitterung in sich aufsteigen. „Ihr habt es leicht", dachte er. „Nun ist es freilich keine Kunst, zur Stadt zu fliegen, da ich euch den Weg gesucht habe und mein Duft euch auf der Straße voranzieht. Aber das tut nichts. Bleib' ich nicht der Einzige, so war ich doch der Erste. Und morgen werdet ihr am Rande des Weges liegen, gleich mir." Da kam ein Wind über ihn geweht, und seine armen Flügel bewegten sich noch einmal sanft hin und her. „Oh, ich beginne mich zu erholen", dachte er erfreut. „Nun wartet nur, morgen flattere ich so über euch hin, wie ihr heut über mich geflogen seid." Da sah er etwas Riesiges, Dunkles immer näher an sich herankommen. „Was ist das?", dachte er erschrocken. „Oh, ich ahne es. So erfüllt sich mein Los. Ein ungeheures Schicksal naht sich, um mich zu zermalmen." Und während das Rad eines Bierwagens über ihn hinwegging, dachte er mit einer letzten Regung seiner verscheidenden Seele: „Wo werden sie wohl mein Denkmal hinsetzen?"

Arthur Schnitzler

Osterhas
& Co.

Wer hat die schönsten Schäfchen?

Wer hat die schönsten Schäfchen?
Die hat der goldne Mond,
der hinter unsern Bäumen
am Himmel droben wohnt.

Er kommt am späten Abend,
wenn alles schlafen will,
hervor aus seinem Hause,
am Himmel leis und still.

Dann weidet er die Schäfchen
auf seiner blauen Flur.
Denn all die weißen Sterne
sind seine Schäfchen nur.

Sie tun sich nichts zuleide;
hat eins das andre gern,
und Schwestern sind und Brüder
da droben Stern an Stern.

Und soll ich dir eins bringen,
so darfst du niemals schrein,
musst freundlich wie die Schäfchen
und wie ihr Schäfer sein.

August Heinrich Hoffmann von Fallersleben

Omas Ostereierüberraschung

Ostern darf Silke ein paar Tage bei Oma verbringen. Papa bringt sie am Donnerstag mit dem Auto. Am Ostermontag kommen dann alle zu Besuch zu Oma: Mama und Papa und natürlich Jan und Mara, die Zwillinge, die zwei Jahre jünger als Silke sind. Am Abend fahren dann alle zusammen wieder heim, denn am Dienstag muss Silke natürlich wieder in den Kindergarten gehen.

So war es auch schon letztes Jahr. Damals hat Silke Oma beim Ostereieranmalen helfen dürfen, und das hat viel Spaß gemacht. „Der Osterhase hat zu viel zu tun!“, hat die Oma gemeint und Silke zugeblinzelt. „Da müssen wir alle mit anpacken!“ Als Silke aber nun zu Oma kommt, staunt sie, wie viel Eier Oma auf dem Schrank in der Küche hat. Vier große Körbe voll Eier.

„Wollen wir die alle färben?“, fragt Silke und wundert sich.

Oma nickt. „Natürlich! In diesem Jahr geht es dem Osterhasen noch schlechter als sonst. Da wird wirklich jede Hand gebraucht!“

„Aber so viele Ostereier können wir doch gar nicht essen!“, meinte Silke. Voriges Jahr hatte es

auch für jeden genug Ostereier gegeben. Aber so viele wie jetzt waren es nicht gewesen. Ganz bestimmt nicht. Da erinnert sich Silke ganz genau.
„Sie sind auch nicht alle für euch!", lacht Oma. „Es sind Überraschungs-Ostereier! Aber wir müssen sie alle vor Ostern färben, du und ich!"
Nichts ist schöner als Ostereierfärben! Da können es für Silke gar nicht genug Eier sein, die gefärbt werden sollen.
So machen sich Oma und Silke am Freitag nach dem Mittagessen ans Werk.
Als es bereits dunkel wird, sind sie endlich fertig. So schnell ist Silke die Zeit noch nicht herumgegangen. Aber es sind auch wunderschöne Ostereier geworden: rote und grüne, blaue, gelbe und braune. Und dann noch die lila Eier, die Silke ganz allein gefärbt hat.
In Omas Küche riecht es nach Eierfarben und nach Essig, den sie beim Eierkochen in das Wasser geschüttet hat. Außerdem hat Oma noch Ostereier in einem Sud aus Zwiebelschalen gekocht, und die sind ganz besonders schön geworden.
Ein paar Ostereier sind auch beim Kochen geplatzt. „Die können wir nicht bis Ostern aufheben!", sagt Oma und schmunzelt. „Die müssen vorher vernichtet werden!"
Und Silke weiß genau, was das bedeutet.
Heute Abend gibt es Butterbrot mit frisch ge-

färbten Ostereiern. Silke schält sie sorgfältig und schneidet sie in dicke Scheiben, die sie dann auf ihr Brot legt. Etwas Salz darauf und einen Spritzer Maggi.
Oma und Silke lachen sich zu, als sie sich am Tisch gegenübersitzen und sich die Ostereierbrote so richtig schmecken lassen. Sie schmecken viel besser als die gekochten Eier, die es sonst das ganze Jahr über gibt. Es sind eben richtige Ostereier.
„Und wann holt der Osterhase die Eier?", fragt Silke, als sie ihr letztes Stück Brot gegessen hat.
„Gar nicht!", sagt Oma. „Dieses Jahr müssen wir alles selbst tun!"
„Den anderen Kindern die Ostereier bringen?" Silke kann es sich nicht vorstellen, dass sie nun von Garten zu Garten mit den Eiern hüpfen soll und den Kindern die Ostereier in ihre Osternester legen.
Oma beruhigt sie. „So schlimm wird es nicht! Du wirst deinen Spaß dabei haben!"
Doch so viel Silke jetzt auch bittet, Oma verrät nichts. Kein Sterbenswörtchen.
„Warte ab bis zum Sonntag!", sagt sie nur. „Dann ist Ostern. Und dann wirst du erleben, was geschieht."
Da bleibt Silke nichts anderes übrig, als der Oma zu helfen. Und gemeinsam schaffen sie es, die Körbe wieder auf den Schrank in der

Küche zu stellen. Silke kann es kaum erwarten, bis endlich Ostern ist. Immer wieder läuft sie in die Küche und schaut zu den Körben auf dem Schrank hinauf.
„Sagt uns der Osterhase, wo wir sie verstecken sollen?“, fragt sie.
„Er hat es mir bereits gesagt!“, lacht Oma und lässt sich nicht erweichen, noch mehr zu verraten.
Was bleibt Silke übrig, als weiter zu warten.
Aber dann ist endlich Ostersonntag.
Silke schielt zum Küchenschrank hinüber. Dort stehen die bis obenhin gefüllten Körbe immer noch.
„Wie sieht es denn aus?“, fragt Oma sie. „Willst du keine Ostereier suchen?“
Und als Silke sie erstaunt anblickt, fügt sie hinzu: „Ich habe da vorhin etwas im Garten gehört. Und als ich aus dem Fenster sah, sprang der Osterhase gerade über den Gartenzaun!“
Da hält es Silke nicht länger im Haus. Sie rennt in den Garten, und Oma hat Mühe, hinter ihr herzukommen.
Nein, der Osterhase hatte auch dieses Jahr wieder an Silke gedacht. Silke findet bereits nach kurzem Suchen das erste Osterei. Dann noch eines und noch eins. Sie muss schnell ins Haus laufen und das Osterkörbchen holen, das Oma vom letzten Jahr noch aufgehoben hat.

Ein ganzes Körbchen voll Ostereier hat Silke zum Schluss. Dazu einen Riesen-Schokoladen-Osterhasen und einen dicken Schokoladen-Maikäfer. Doch so schön das alles ist, so muss Silke doch immer wieder an die großen Eierkörbe auf Omas Küchenschrank denken. Die anderen Kinder sind doch sicher auch bereits wach. Wie sollen sie da nur noch all die vielen Ostereier verstecken, ohne gesehen zu werden!
„Wir verstecken sie in meinem Garten!“, sagt die Oma. „Der ist groß genug!“
Dann holt sie mit Silkes Hilfe den ersten Korb vom Schrank herunter und geht damit in den Garten. Und dann beginnt sie, die Ostereier zu verstecken. Im Moos hinter der Kellertreppe, zwischen den Blumenbüschen, neben der großen Regentonne, im Efeu an der Garage. Sie findet immer neue Verstecke
Und Silke macht es genauso wie Oma. So ist wirklich nach einer Weile der erste Korb leer. Aber Oma ist bereits dabei, den zweiten aus der Küche zu holen. Es dauert eine Weile, bis die Eier aus den vier großen Körben alle in Omas Garten versteckt sind. Am Ende weiß Silke wirklich kein einziges Versteck für die Eier mehr. Aber Oma findet immer noch etwas.
„Du bist besser als der Osterhase selbst“, sagt Silke am Ende anerkennend.
„Das will ich meinen!“, antwortet Oma. Dann

nimmt sie Silke an die Hand und geht mit ihr die Straße hinunter.
Unterwegs erzählt Oma von den vielen Leuten, die aus anderen Ländern nach Deutschland gekommen sind. Manche von ihnen sind von weit, weit hergekommen. In dem alten Gemeindehaus, das längst abgerissen werden sollte, hat man viele von ihnen untergebracht. Über neunzig Männer, Frauen und Kinder. Asylanten und Flüchtlinge, die so sehr darauf warten, bei uns eine neue Heimat zu finden.
Silke hat davon schon oft im Rundfunk und in den Nachrichten im Fernsehen gehört. Mama und Papa sprechen auch oft darüber Aber dass solche Leute ganz in der Nähe von Oma wohnen, das ist ihr neu. „Es ist dort viel zu eng für so viele Menschen!“, sagt Oma nach einer Weile. „Und die Kinder haben kaum Platz zum Spielen!“
„Hier wohnen sie!“, sagt die Oma dann und bleibt plötzlich stehen. Und darauf geht sie direkt durch das Gartentor, sodass Silke alle Mühe hat, ihr zu folgen. Vor der Haustür steht ein kaputtes Auto, und mehr als zehn Männer sind dabei, es wieder in Gang zu bringen. Sie machen einen fürchterlichen Krach dabei und sprechen in verschiedenen Sprachen, von denen Silke nichts, aber auch gar nichts verstehen kann. Doch als ihr ein schwarzer Mann im

blauen Arbeitsanzug freundlich zunickt, lacht sie dankbar zurück.
„Hallo!“, sagt die Oma und nickt ihnen zu.
„Hallo!“, sagen die Männer.
„Frohe Ostern!“, ruft Oma und gibt jedem die Hand. Die Männer blicken sie erstaunt an und lachen ihr zu.
„Wo sind die Frauen?“, fragt Oma. „Die Kinder?“
„Oh!“ Einer der Männer lacht laut, geht zur Tür und ruft etwas mit lauter Stimme in den Hausflur hinein, was weder Oma noch Silke verstehen können „Warten bitte!“, sagt der Mann. „Kommen gleich!“
Dann wird es in dem Haus lebendig Es ist so laut wie bei Silke im Kindergarten Vielleicht noch lauter.
Viele, viele Menschen strömen aus der Tür und scharen sich um Oma und Silke.
„Kommen Sie mit!“, sagt Oma fröhlich und winkt den fremden Leuten zu.
„Ist nicht weit!“, fügt sie noch hinzu, als sie bemerkt, dass kaum einer sie versteht.
Doch der schwarze Mann, der vorhin bereits so freundlich war, kommt direkt auf sie zu. Und als er zu sprechen beginnt, da staunt Silke nur, weil sie alles verstehen kann. Sie staunt auch, dass der fremde Mann genauso gut Deutsch spricht wie sie selbst.

Wenn man die Augen zumacht, spricht er so wie Onkel Eberhard. Und kein bisschen anders!
„Jetzt kommen Sie bitte!“, sagt Oma noch einmal und nimmt kurzerhand zwei Kinder an ihre Hand. Und dann stapft sie schnurstracks auf das Gartentürchen zu. Zögernd folgt eine lange Reihe von Menschen. Alte Leute, junge Männer und Frauen, Schulkinder und eben auch Kinder, die so alt sind wie Silke selbst.
Oma versucht dem freundlichen Schwarzen zu erklären, dass Ostern ist. Er nickt immer wieder und sagt es anderen weiter.
Aber da gibt es andere Leute, die auch ihn nicht verstehen können.
„Leute aus vierzehn Ländern haben sie hier untergebracht!“, sagt Oma zu Silke. „Und es ist vielleicht so eng da drin im Haus! Aber die Menschen sind froh, dass sie in der Freiheit leben dürfen. Deshalb sind sie alle zu uns gekommen!“
Ein langer Zug Menschen geht die Straße entlang bis zu Omas Haus. Silke bemerkt, dass Leute am Fenster hinter den Scheiben stehen, als sie an den Häusern des kleinen Dorfes vorbeikommen. Doch Oma tut so, als würde sie nichts sehen.
Sie hat als Erste das Gartentürchen erreicht. Sie lacht den Menschen freundlich zu und öffnet es. Mit einer ebenso freundlichen Handbewegung bittet sie alle, doch zu ihr hereinzukommen.

„Ihr müsst suchen!“, sagt die Oma zu den Kindern.
„Suchen!“, sagt sie zu den Müttern. „Ostereier suchen! Alles ist gut. Suchen wie deutsche Kinder!“
Da weiß Silke, was sie tun kann. Sie geht suchend im Garten herum und klatscht laut in die Hände, als sie ein Osterei gefunden hat. Sie schwingt sich mit einem Satz auf den Zweig eines kleinen Baumes, der schon im letzten Jahr ihr Kletterbaum war.
„Sucht Ostereier!“, ruft sie immer wieder und schwenkt ihr Ei in der Hand.
Da fangen auch bereits andere Kinder an, nach Ostereiern zu suchen. Und die erwachsenen Leute haben anscheinend auch ihren Spaß daran.
Die Augen der Kinder strahlen, denn so etwas haben sie in ihrem Leben noch nie erlebt. Bald schon hat jeder ein Osterei in der Hand. Doch das Suchen geht noch immer weiter, und alle machen mit. So viele Leute auf einmal waren noch nie in Omas Garten.
Als Oma sicher ist, dass jetzt alle Ostereier gefunden sein müssen, sieht sie nur lachende Gesichter um sich herum. All die fremden Menschen kommen mit ihren Ostereiern auf Silke und Oma zu, geben ihnen die Hand und bedanken sich in ihrer Sprache. Und Oma steht da,

lacht und nickt ihnen immer wieder zu. „Frohe Ostern!“, sagt sie.
Die vielen fremden Leute, die Ostereier, das Lachen ... Silke spürt, dass sie ein so schönes Osterfest nie vorher erlebt hat. Als dann die fremden Menschen wieder gehen, stehen Oma und Silke am Gartentor und winken ihnen nach. Sie stehen dort nicht allein. Aus den Häusern ringsherum sind viele Nachbarn gekommen. Sie haben sogar noch Ostereier für die Leute mitgebracht und ihnen geschenkt.
„Viele wissen ja noch nicht einmal, was Ostern ist!“, sagt ein Mann nachdenklich.
„Jetzt haben sie zuerst einmal Ostereier kennengelernt!“, antwortet Oma froh und zufrieden. „Und das ist schon einmal ein Anfang!“
„Alle Achtung!“, sagt der alte Herr Bremer aus der Villa vorn in der Straße und sieht Oma anerkennend an. „Wie Sie das gemacht haben! Das macht Ihnen so schnell keiner nach!“
„Ja, man muss nur einmal draufkommen!“, meint Frau Künzel, die immer besonders nett zu Silke ist.
Und Oma wird rot wie ein kleines Mädchen. So freut sie sich.
Da klopft der alte Herr Bremer Silke auf die Schulter und sagt leise zu ihr: „Auf solch eine Oma kannst du stolz sein!“
Und Silke bleibt nichts anderes übrig, als zu ni-

cken, weil ihr plötzlich vor Freude die Tränen in die Augen steigen.

Rolf Krenzer

Fünf Männlein …

Fünf Männlein sind in den Wald gegangen,
sie wollten den Osterhasen fangen.
Der erste, der war so dick wie ein Fass,
der brummte immer: „Wo ist der Has'?"
Der zweite, der schrie:
„Da! Da sitzt er ja!"
Der dritte, der war der längste,
aber auch der bängste.
Der fing an zu weinen:
„Ich sehe keinen!"
Sprach der vierte: „Das ist mir zu dumm,
ich kehre wieder um!"
Der kleinste aber – wer hätte das gedacht?
Der hat's gemacht,
der hat den Hasen nach Hause gebracht.
Da haben alle Leute gelacht:
„Ha, ha, ha, ha!"

Volksgut

Das neue Leben – oder: Wie das Ei zum Osterei wurde

Katharina war eine Königstochter im Ägypterland. Sie lebte vor langer, langer Zeit in der Stadt Alexandria. Damals herrschte dort der Kaiser von Rom. Er hieß Maxentius und war der mächtigste Mensch auf der ganzen Erde.
Eines Tages besuchte er seine Stadt Alexandria. Er ließ Katharina zu sich kommen. Sie sollte ihm von Jesus erzählen. Er hatte nämlich erfahren, dass sie eine Christin war.
Katharina kannte viele Jesusgeschichten. Der Kaiser hörte gespannt zu. Ihm gefiel das, was Jesus unter den Menschen getan hatte. Alle seine Ratgeber wunderten sich darüber. Der Kaiser hatte nämlich die Christen verfolgt. Viele waren auf seinen Befehl getötet worden.
Katharina erzählte vom Leben Jesu, von seinem Sterben und schließlich auch, dass er von den Toten auferstanden ist. „Von den Toten auferstanden?“, fragte der Kaiser verblüfft.
Katharina nickte. Da lachte der Kaiser laut auf und rief. „Das will ich dir nur glauben, wenn du aus einem Stein neues Leben erwecken kannst!“

Katharina ging betrübt davon. Aber dann kam ihr ein Gedanke. Sie kaufte von einem Bauern ein beinahe ausgebrütetes Entenei. Damit ging sie am nächsten Tag zum Kaiser.
„Na, willst du es versuchen?“, spottete der. Sie hielt ihm das Ei entgegen. Die junge Ente riss einen Spalt in die Schale. Der Kaiser schaute geduldig zu, wie das kleine Tier sich aus dem Ei befreite. Der Spott wich aus seinem Gesicht.
„Scheinbar tot“, sagte Katharina. „Scheinbar tot und doch Leben.“
Es heißt, dass der Kaiser sehr nachdenklich geworden ist. So ist das Ei zum Osterei geworden, ein Zeichen für das, was kein Mensch begreifen kann:
Christus ist auferstanden. Wahr und wahrhaftig, er ist auferstanden.

Willi Fährmann

Auf ein Ei geschrieben

Ostern ist zwar schon vorbei,
Also dies kein Osterei;
Doch wer sagt, es sei kein Segen,
Wenn im Mai die Hasen legen?
Aus der Pfanne, aus dem Schmalz
Schmeckt ein Eilein jedenfalls,
Und kurzum, mich täts gaudieren,
Dir dies Ei zu präsentieren,
Und zugleich tät es mich kitzeln,
Dir ein Rätsel draufzukritzeln.
Die Sophisten und die Pfaffen
Stritten sich mit viel Geschrei:
Was hat Gott zuerst erschaffen,
Wohl die Henne? Wohl das Ei?
Wäre das so schwer zu lösen?
Erstlich ward ein Ei erdacht:
Doch weil noch kein Huhn gewesen,
Schatz, so hats der Has gebracht.

Eduard Mörike

Ostereier

Am Ostermorgen hatte ich im Waldstück hinter unserem Haus fünfzehn bunt bemalte Ostereier versteckt und die Nachbarskinder Günther, Ursula und Liselotte eingeladen.
„Kommt, Kinder“, sagte ich nach dem Mittagessen, „wir gehen Ostereier suchen!“ Ich sagte dies mit verhaltener Vorfreude auf die Überraschungen und schnitt dabei ein Gesicht wie ein Osterhase, was mir bei meinen langen Ohren mühelos gelang.
Die Kinder folgten begeistert. Beim Verstecken hatte ich eine Papierschnitzelspur ausgelegt, leider hatte der Wind sie weggeblasen. Dann kamen die Überraschungen. Ursula schleppte einen alten Sprengzünder mit rotem Zündsatz an. Sie heulte, als ich das Ding in den Bach warf. Günther fiel in einen Ameisenhaufen, auf dem die leeren Schalen von drei Ostereiern lagen. Liselotte wurde von einer Wespe gestochen und beruhigte sich erst, als ich eine andere Wespe fing, die mich stechen durfte.
Dann kam der Förster. Er ließ sich seinen belehrenden Vortrag über das verbotene Betreten der Schonung mit fünf Mark bezahlen, und für

meine brennende Zigarette nahm er mir acht Mark ab. Dann wurde er privat.
„Wissen Sie, Herr Frankenstein, dass ich Ihre ‚Musik ist Trumpf'-Sendung jeden Samstag sehe?"
Das überraschte mich, denn die Sendung wird nur alle vier Wochen ausgestrahlt. „Sie müssen mal Ihrem Chef vom Fernsehen sagen, dass er mich auftreten lässt. Ich setze dann einem Mann einen Kartoffelkäfer auf die Nase und schieße den aus achtzehn Meter Entfernung ab."
Ich versprach, es zu überlegen. Dann fragte ich ihn: „Waren Sie schon einmal bei Professor Holzamer?" Ich meinte den Intendanten des ZDF.
„Nee", sagte der Förster verächtlich, „ich gehe immer zum Kassenarzt."
Ich sah, dass der Förster eine dicke Beule auf der Stirn hatte, und fragte ihn nach der Ursache.
„Wissen Sie, ich habe letzte Nacht geträumt, ich wäre ein Waldspecht. Mein Bett ist aus altem Eichenholz, da muss ich doch wohl zu kräftig zugehauen haben."
Bekanntlich hat ja jeder Beruf gewisse Merkmale, die sich auf die Menschen, die ihn ausüben, übertragen. Vertreter zum Beispiel haben meistens flache Nasen, weil ihnen so viele Türen vor

der Nase zugeschlagen werden. Mir ist nur eine Ausnahme bekannt – dieser Vertreter hatte eine spitze Nase, weil er zwischen eine Schiebetür geraten war.

Der Förster hatte Mühe, der albernen Geschichte zu folgen. Viel Zeit zum Überlegen blieb nicht, denn die Kinder machten uns mit Geschrei auf ein kleines Feuer aufmerksam, das sich aus des Försters brennender Kippe entwickelt hatte. Gemeinsam trampelten wir den minimalen Waldbrand aus. Für meine Hilfe erhielt ich acht Mark zurück, die ich quittierte und darum auch versteuern muss.

Der Förster und ich trennten uns mit herzlichen, warmen Worten und heißen Schuhsohlen. Die Kinder und ich suchten weiter, wir fanden Seltersflaschen, Büchsen, Prospekte, einen Schuh, Zeitungen, ein Vereinsabzeichen und einen Schlips.

Aber kein einziges Osterei.

Etwas bedrückt gingen wir nach Hause, und unterwegs sahen wir sie – eine kinderreiche Familie, die Eier aß. Meine Ostereier.

Peter Frankenfeld

Die Osterhasenfamilie

Erst kommt der Osterhasenpapa,
dann kommt die Osterhasenmama
und hinterdrein so klimperklein
die Osterhasenkinderlein.
Sie haben braune Röckchen an
und weiße Stummelschwänzchen dran.
Sie machen ihren Ostergang.
Da draußen auf dem Feld entlang.

Volksgut

Die drei Schmetterlinge

Es waren einmal drei Schmetterlinge, ein weißer, ein roter und ein gelber, die spielten im Sonnenschein und tanzten von einer Blume zu der andern. Und sie wurden es gar nicht müde, so gut gefiel es ihnen. Da kam auf einmal der Regen und machte sie nass. Als sie das spürten, wollten sie schnell nach Hause fliegen, aber die Haustüre war zugeschlossen und sie konnten den Schlüssel nicht finden. So mussten sie außen stehen bleiben und wurden immer nässer. Da flogen sie hin zu der gelb und rot gestreiften Tulpe und sagten: „Tulipanchen, mache uns ein wenig dein Blümchen auf, dass wir hineinschlüpfen und nicht nass werden." Die Tulpe aber antwortete: „Dem gelben und dem roten will ich wohl aufmachen, aber den weißen mag ich nicht." Aber die beiden, der rote und der gelbe, sagten: „Nein, wenn du unseren Bruder, den weißen, nicht aufnimmst, so wollen wir auch nicht zu dir." Es regnete aber immer ärger und sie flogen zu der Lilie und sprachen: „Gute Lilie, mache uns dein Blümchen ein wenig auf, dass wir nicht nass werden." Die Lilie aber antwortete: „Den weißen will ich wohl aufnehmen, denn er sieht gerade aus wie ich, aber die andern mag ich nicht." Da sagte der weiße: „Nein, wenn du meine Brüder nicht aufnimmst, so mag ich auch nicht zu dir. Wir wollen lieber zusammen nass werden, als dass einer die anderen im Stich lässt." Und so flogen sie weiter.

Allein die Sonne hinter den Wolken hatte gehört, wie die drei Schmetterlinge so gute Geschwister waren und so fest zusammenhielten. Und sie drang durch die Wolken durch und verjagte den Regen und schien wieder hell in den Garten und auf die Schmetterlinge. Es dauerte nicht lange, da hatte sie ihnen die Flügel getrocknet und ihren Leib erwärmt. Und nun tanzten die Schmetterlinge wieder wie vorher und spielten, bis es Abend war. Dann flogen sie zusammen nach Hause und schliefen ein.

Wilhelm Curtmann

Wenn die Blümlein wieder prangen

Die Weidenkätzchen

„Kätzchen, ihr der Weide,
wie aus grauer Seide,
wie aus grauem Samt!
O ihr Silberkätzchen,
sagt mir doch, ihr Schätzchen,
sagt, woher ihr stammt."
„Wollen's gern dir sagen:
Wir sind ausgeschlagen
aus dem Weidenbaum,
haben winterüber
drin geschlafen, Lieber,
in tief-tiefem Traum."

„In dem dürren Baume
in tief-tiefem Traume
habt geschlafen ihr?
In dem Holz, dem harten,
war, ihr Weichen, Zarten,
euer Nachtquartier?"
„Musst dich recht besinnen:
Was da träumte drinnen,
waren wir noch nicht,
wie wir jetzt im Kleide
blühn von Samt und Seide

hell im Sonnenlicht.
Nur als wie Gedanken
lagen wir im schlanken
grauen Baumgeäst;
unsichtbare Geister,
die der Weltbaumeister
dort verweilen lässt."
„Kätzchen, ihr der Weide,
wie aus grauer Seide,
wie aus grauem Samt!
O ihr Silberkätzchen,
ja, nun weiß, ihr Schätzchen,
ich, woher ihr stammt."

Christian Morgenstern

Das Gänseblümchen

Nun höre einmal!

Draußen auf dem Lande, dicht am Wege, lag ein Landhaus, du hast es gewiss selbst einmal gesehen. Vor demselben ist ein kleiner Garten mit Blumen und einem Stakete, welches angestrichen ist, dicht dabei am Graben, mitten in dem schönsten grünen Grase, wuchs eine kleine Gänseblume; die Sonne beschien sie ebenso warm und schön wie die großen, schönen Prachtblumen im Garten, und deshalb wuchs sie von Stunde zu Stunde. Eines Morgens stand sie, mit ihren kleinen, blendend weißen Blättern, die wie Strahlen um die gelbe Sonne in der Mitte ringsherum sitzen, ganz entfaltet da. Sie dachte nicht daran, dass kein Mensch sie dort im Grase sähe und dass sie eine arme, verachtete Blume sei: Nein, sie war sehr vergnügt, sie wendete sich nach der warmen Sonne hin, sah zu ihr auf und horchte auf die Lerche, die in der Luft sang.

Die kleine Gänseblume war so glücklich, als ob es ein Festtag wäre und es war doch nur ein Montag. Alle Kinder waren in der Schule; während die auf ihren Bänken saßen und lernten, saß sie auf ihrem kleinen grünen Stängel und lernte auch von der warmen Sonne und allem ringsumher, wie gut Gott ist, und es gefiel ihr recht, dass die kleine Lerche alles, was sie in der Stille fühlte, so deutlich und schön sang. Und die Gänseblume blickte mit einer Art Ehrfurcht zu dem glücklichen Vogel, der singen und fliegen konnte, empor, war aber nicht betrübt, dass sie es selbst nicht konnte. „Ich sehe und höre ja!“, dachte sie. „Die Sonne bescheint mich, und der Wind küsst mich! Oh, wie reich bin ich doch begabt!“

Innerhalb des Staketenzauns standen viele steife, vornehme Blumen, je weniger Duft sie hatten, umso mehr prunkten sie. Die Päonien bliesen sich auf, um größer als eine Rose zu sein, aber die Größe macht es nicht! Die Tulpen hatten die allerschönsten Farben, und das wussten sie wohl und hielten sich kerzengerade, damit man sie besser sehen möchte. Sie beachteten die kleine Gänseblume da draußen nicht, aber diese sah desto mehr nach ihnen und dachte: „Wie sind sie reich und schön! Ja, zu ihnen fliegt sicher der prächtige Vogel hernieder und besucht sie! Gott sei Dank, dass ich so nahe dabeistehe, da kann ich doch die Pracht zu sehen bekommen!“ Und so wie sie das dachte: „Quivit!“, da kam die Lerche geflogen, aber nicht zu den Päonien und Tulpen herunter – nein, nieder ins Gras zu der armen Gänseblume. Die

erschrak vor Freude so, dass sie nicht wusste, was sie denken sollte.
Der kleine Vogel tanzte rings um sie her und sang: „Nein, wie ist doch das Gras so weich. Und sieh, welch eine liebliche, kleine Blume mit Gold im Herzen und Silber auf dem Kleide!“ Der gelbe Punkt in der Gänseblume sah ja aus wie Gold, und die kleinen Blätter ringsherum erglänzten silberweiß.
Wie glücklich die kleine Gänseblume war – nein, das kann niemand begreifen! Der Vogel küsste sie mit seinem Schnabel, sang ihr vor und flog dann wieder in die blaue Luft hinauf. Es währte sicher eine Viertelstunde, bevor das Gänseblümchen sich erholen konnte. Halb verschämt und doch innerlich erfreut sah es nach den anderen Blumen im Garten; sie hatten ja die Ehre und das Glück, das ihm widerfahren war, gesehen, sie mussten ja begreifen, welche Freude es war. Aber die Tulpen standen noch einmal so steif wie früher, und dann waren sie spitz im Gesicht und rot, denn sie hatten sich geärgert. Die Päonien waren dickköpfig. Es war gut, dass sie nicht sprechen konnten, sonst hätte die Gänseblume eine ordentliche Zurechtweisung bekommen. Die arme, kleine Blume konnte wohl sehen, dass sie nicht bei guter Laune waren, und das tat ihr recht herzlich wehe. Zur selben Zeit kam ein Mädchen

mit einem großen, scharfen und glänzenden Messer in den Garten; es ging durch die Tulpen hin und schnitt eine nach der anderen ab. „Uh!", seufzte die kleine Gänseblume. „Das ist ja schrecklich: Nun ist es mit ihnen aus!" Dann ging das Mädchen mit den Tulpen fort. Das Gänseblümchen war froh darüber, dass es draußen im Grase stand und eine kleine Blume war, es fühlte sich sehr dankbar, und als die Sonne unterging, faltete es seine Blätter, schlief ein und träumte die ganze Nacht von der Sonne und dem kleinen Vogel.

Am nächsten Morgen, als die Blume wieder glücklich alle ihre weißen Blätter wie kleine Arme gegen Luft und Licht ausstreckte, erkannte sie des Vogels Stimme: Aber es klang traurig, was er sang. Ja, die arme Lerche hatte guten Grund dazu, sie war gefangen und saß nun in einem Käfig, dicht bei dem offenen Fenster. Sie besang das freie und glückliche Umherfliegen, sang von dem jungen, grünen Korn auf dem Felde und von der herrlichen Reise, die sie auf ihren Flügeln hoch in die Luft hinauf machen konnte. Die arme Lerche war nicht bei guter Laune, gefangen saß sie da im Käfig.

Die kleine Gänseblume wünschte gar sehr bald zu helfen. Aber wie sollte sie das anfangen? Ja, es war schwer zu erdenken. Sie vergaß völlig, wie schön alles ringsumher stand, wie warm die Sonne schien, und wie prächtig weiß ihre Blätter aussahen. Ach, sie konnte nur an den gefangenen Vogel denken, für den etwas zu tun sie durchaus nicht imstande war.

In derselben Zeit kamen zwei kleine Knaben aus dem Garten, der eine von ihnen trug ein Messer in den Händen, groß und scharf wie das, welches das Mädchen hatte, um die Tulpen abzuschneiden. Sie gingen auf die kleine Gänseblume zu, die nicht begreifen konnte, was sie wollten.

„Hier können wir ein herrliches Rasenstück für die Lerche ausschneiden!", sagte der eine Knabe und begann dann, um die Gänseblume herum ein Viereck zu schneiden, sodass sie mitten in dem Rasenstück stehen blieb.

„Reiß die Blume ab!", sagte der andere Knabe, und das Gänseblümchen zitterte vor Angst, denn abgerissen zu werden, hieß ja das Leben verlieren, und nun wollte es noch gar zu gern leben, da es mit dem Rasenstücke zu der gefangenen Lerche in den Käfig sollte. „Nein, lass sie stehen", sagte der andere Knabe, „sie putzt so niedlich!" Und so blieb sie stehen und kam mit in das Bauer der Lerche.

Aber der arme Vogel klagte laut über seine verlorene Freiheit und schlug mit den Flügeln gegen den Eisendraht im Käfig; die kleine Gänseblume konnte nicht sprechen, kein tröstendes

Wort sagen, so gern sie auch wollte. So verging der Vormittag.

„Hier ist kein Wasser", sagte die gefangene Lerche. „Sie sind alle ausgegangen und haben vergessen, mir etwas zu trinken zu geben. Mein Hals ist trocken und brennend! Es ist Feuer und Eis in mir, und die Luft ist schwer! Ach, ich muss sterben, scheiden vom warmen Sonnenscheine, vom frischen Grün, von all der Herrlichkeit, die Gott geschaffen!" Und dann bohrte sie ihren Schnabel in das kühle Rasenstück, um sich dadurch ein wenig zu erfrischen! Da fielen ihre Augen auf das Gänseblümchen, und der Vogel nickte ihm zu, küsste es mit dem Schnabel und sagte: „Du musst hier drinnen auch vertrocknen, du arme, kleine Blume! Dich und den kleinen Flecken grünen Grases hat man mir für die ganze Welt gegeben, die ich draußen hatte! Jeder kleine Grashalm soll mir ein grüner Baum, jedes deiner weißen Blätter eine duftende Blume sein! Ach, ihr erzählt mir nur, wie viel ich verloren habe!"

„Wer ihn doch trösten könnte!", dachte die Gänseblume, aber sie konnte kein Blatt bewegen, doch der Duft, der den feinen Blättern entströmte, war weit stärker, als man ihn sonst bei dieser Blume findet. Das bemerkte der Vogel auch, und obgleich er vor Durst verschmachtete und in seinem Schmerze die grünen Grashalme abriss, berührte er doch nicht die Blume. Es wurde Abend, und noch kam niemand, dem armen Vogel einen Wassertropfen zu bringen, da streckte er seine hübschen Flügel aus und schüttelte sie krampfhaft, sein Gesang war ein wehmütiges Pieppiep; das kleine Haupt neigte sich der Blume entgegen, und des Vogels Herz brach vor Mangel und Sehnsucht. Da konnte die Blume nicht, wie am vorhergehenden Abende, ihre Blätter zusammenfalten und schlafen, sie hing krank und traurig zur Erde nieder.

Erst am nächsten Morgen kamen die Knaben, und als sie den toten Vogel erblickten, weinten sie, weinten sie viele Tränen und gruben ihm ein niedliches Grab, welches mit Blumenblättern verziert wurde. Des Vogels Leiche kam in eine rote, schöne Schachtel, königlich sollte er bestattet werden, der arme Vogel! Als er lebte und sang, vergaßen sie ihn, ließen ihn im Käfig sitzen und Mangel leiden, nun bekam er Schmuck und viele Tränen.

Hans Christian Andersen

Wie die Schlüsselblumen ihren Namen bekamen

Lange war es auf der Erde dunkel und kalt. Eine dicke Schneedecke lag auf der Wiese. Igel und Käfer, Maulwurf, Mäuse und Regenwürmer schliefen in ihren Nestern und in ihren Gängen tief unter der Erde. Die Vögel plusterten sich auf. Die Raben saßen auf den kahlen Ästen und schrien ihren Hunger in die kalte Winterluft hinaus. Die Rehe und Hirsche nagten an den Rinden der Bäume. Die Hasen hoppelten bis an den Gemüsegarten nahe am Bauernhaus und kratzten ein paar Kohlblätter unter dem Schnee hervor. Ganz vorsichtig nur streckten die Weidenkätzchen und der Seidelbast die ersten Blattknospen heraus.

Da wagte eine kleine Meise, frühmorgens zaghaft ein Lied anzustimmen. „Wann wird es endlich warm?", piepste sie. „Wir wollen anfangen, Nester zu bauen."

Von fern hatte der Frühling die ersten Vogelstimmen gehört. Er nahm den goldenen Schlüssel, um die Erde und Flüsse aufzuschließen. Dann sagte er der Sonne und dem Südwind Bescheid. Da taute das Eis in den Bächen und der Schnee auf den Wiesen. Am Himmel erschienen die ersten Schwärme der Zugvögel.

„Hurra!", riefen die Kinder. „Wir können endlich draußen spielen! Und Rollschuh laufen und Fahrrad fahren!"
Der Frühling eilte von Blume zu Blume, von Baum zu Baum und weckte Wiesen und Wälder auf. Doch er lief so schnell, dass er seinen goldenen Schlüssel verlor.
O weh, da kam der Wind zurück.
Der kalte Wind brauste über das Land. Die Blumen und Tiere krochen wieder in die Erde.
Der Frühling selbst begann zu frieren und zu zittern. Traurig suchte er unter den welken Herbstblättern nach seinem Schlüssel.
Da streckten auf einmal viele kleine Blumen ihre goldenen Blütenblätter unter dem welken Laub hervor. „Wir wollen dir suchen helfen", flüsterten sie und guckten unter jedes braune Blatt.
Endlich fanden sie den goldenen Schlüssel.
„Liebe Blümchen, ich danke euch!", rief der Frühling ganz glücklich. Und er fragte sie: „Habt ihr einen Namen?"
Die Blümchen schüttelten ihre hellen gelben Glöckchen.
Da rief der Frühling: „Dann sollt ihr Schlüsselblumen heißen!"

Barbara Cratzius

Ein schön geschwungenes L

Ich pflanzte vielerlei in diesem Frühling, ein Apothekergarten trägt all die Würzpflanzen, deren Pflege Karl der Große in einem berühmten Briefe seinem Gutsverwalter ans Herz gelegt hat, und dazu noch vieles andre, was die Zeit dazugefügt hat. Außerdem sind die Apothekersleute Menschen wie andre, die Gemüse und Salate, Rettiche und Gurken, Lauch und Zwiebeln brauchen. Das alles ist beetweise abgeteilt, und während einiges fortwächst, wie es gesät wurde, sät man andres in besondre geschützte Kastenbeete, aus denen dann die Pflänzlinge, wenn sie stark geworden sind, ins freie Land verpflanzt werden. Kressen gehören zu den Gartenpflanzen, die man am frühesten aussät; wenn der Winter früh gegangen ist, vertraut man die kleinen rotbraunen Körnchen schon in den letzten Tagen des Februars der Erde an. Man sät sie, um einen frühen Ostersalat zu haben und weil ihr Grün früh die braunen Beete verschönt.

So wie der Malerlehrling, der zum ersten Mal einen vollen Pinsel in die Hand bekommt, an die nächste beste Wand unfehlbar die Linien kleckst, die ihm gerade als schaffenswert vorschweben, so trieb es mich, von der Keimkraft der Körnchen, die mir anvertraut waren, den schönsten, besten Gebrauch zu machen. Wie oft schon hatte ich der unverständigen Neigung nachgegeben, ihren Namen dorthin zu schreiben, wohin die Sonnenstrahlen ihn zu lesen kamen. Und so säte ich denn, oder es säte ein Wille in mir, der halb Spieltrieb war, ein schön geschwungenes L auf ein noch freies Beet. Nach zehn warmen Frühlingstagen, die ein kräftiger Regen unterbrach, sah ich die winzig kleinen Doppelblättchen der Sämlinge hervorkeimen, alle rundlich, auseinandergefaltet, wie bittende Händchen, in deren Mitte dann erst die zerschnittenen und krausen Blättchen der Gartenkresse wie zierliche Blütchen aufknospeten. Dazwischen kamen junge Gräser, die senkrecht wie ganz feine grüne Linien, ein Heer von Spießen, erschienen; manche waren auch zusammengebogen, und die Spitze konnte sich nur frei machen, indem sie die dunkle Erde mit Schnellkraft empor- und beiseiteschob. Mein erster Gedanke war Freude über das gelungene Werk. Wenn das so fortsprosste, musste das L bald sichtbar sein, und schon sah man einige Umrisse seiner Bogenlinien. Den nächsten Tag war es schon fast zu erkennen. Da kam mir eine Art Scham über die unzarte Entschleierung eines tiefen Gefühls, verschärft durch Zweifel, wie Luise meine Freiheit wohl aufnehmen werde; und zum ersten Mal dachte ich daran, dass alle es sehen würden, und was ich antworten würde, wenn sie fragten: „Warum?“ Ich trat an das Beet heran und sah die Pflänzchen und Keime zerstreut stehen und die braune Erde dazwischen vorschauen; da war kein L zu sehen, ich schöpfte die Hoffnung, es sei nicht aufgegangen. Aber wenn ich zurücktrat, da leuchtete der liebe, gefürchtete Buchstabe mich verhängnisvoll deutlich an, und der folgende Tag verscheuchte jeden Zweifel. Nun mussten es auch die sehen, denen es im Grunde gleichgültig sein konnte, ob ein L oder ein X, für die aber die Frage von brennendem Interesse war: „Wer hat den Buchstaben hingesät? Und was hatte er für eine Absicht dabei?“

Des Mittags nach der Suppe kam die Frage, die kommen musste: „Wer hat nur die Kressen in so sonderbaren Schnörkeln gesät? Die Hälfte des Beetes ist leer. Das ist sehr unökonomisch und hat doch gar keinen weitern Zweck.“ Also sprach der Mann mit der Schraube und drückte seine Mütze aufs Ohr. – „Die Kressen habe ich gesät“, antwortete ich mit einer Stimme, von der ich mir später vorredete, sie sei eisig gewesen; vielleicht zitterte sie jedoch etwas, denn ich fühlte mein Herz so gegen die Tischkante pochen, dass ich von ihr abrückte in der Furcht,

der Tisch mit allem, was darauf war, werde ins Pulsieren und Klirren kommen. – „Und warum haben Sie das Beet nicht vollgesät?“ – Ich hätte nun antworten können: „Weil der Samen nicht reichte“, schämte mich aber jeder Ausflucht. – „Es kam mir so ein Gedanke, es sei schöner, auch einmal eine Figur hineinzusäen.“ – „Und was soll es denn vorstellen?“ – „Das weiß ich augenblicklich selbst nicht, es wird mir erst einfallen, wenn es weiter heraus ist.“
Die fragende Miene des Inquisitors belehrte mich, dass er das L noch nicht so bestimmt gesehen hatte wie ich. Die praktische Erwägung seiner Hausfrau „Das gibt nicht einmal eine ordentliche Schüssel voll Salat!“ schloss brummend das Verhör. Aber im Aufstehn vom Tisch, das ich heute beeilte, traf mich ein so neckischer Blick aus Luisens Auge, dass ich meinte, es träte der allerhellste Stern hinter den Wolken hervor. „Sie weiß es, was kümmern mich die andern; und sie zürnt nicht!“ Wir lehnten den Nachmittag an der Brücke, die über den Bach rechter Hand in den Garten führt; an dem leuchtenden Frühlingssonnentag war es eine Wohltat, den Bach entlang über den dunklen Wasserspiegel hinzusehen, auf den Erlen niederhingen, deren Laub noch nicht schwarzgrün wie im Sommer war. – „Sehen Sie, wie ernst im hellgrünen Glanze die schwarzen Früchtchen stehn? Das

ist gerade das Gegenteil von dem, wie es am Abend hier aussieht, wenn die Sterne in dem schweigenden Wasser liegen wie eingesprengtes Gold in einem ganz dunkeln Kristall.“ – Solcherlei und anderes, meist wohl ziemlich weit Hergeholtes, sprach ich zu dem Mädchen, das nicht viel antwortete, aber nicht ungern zuzuhören schien. Ich hatte mit der Zeit das Gefühl, dass das ein Herumreden sei. Das blaue Auge richtete sich hell auf mich, aber nicht so völlig kristallhaft kalt, wie es wohl blicken konnte; ich dachte an einen ganz hellen Saphir, den ich auf dunkelm Sammet hatte liegen sehen. Ihre Lippen öffneten sich nicht, sie wussten wohl, dass die Frage dieses Auges mir nicht unverstanden blieb; auch meine Lippen waren versiegelt, aber mein Auge sagte: „Ja, ich habe das L gesät“, und die Röte, die ich in den Wangen fühlte, bekräftigte es: „Ja, er hat wirklich die Keckheit gehabt.“ So sahen wir uns an, und ich weiß nicht, warum ich meinen Blick nicht von dem ihren lösen konnte. Es war ein unbestimmtes Vertrauen, dessen ich aus diesem Auge nicht genug schöpfen konnte. Und endlich brach es wie ein Quell hervor: „Wie schön ist es doch, dass Sie jetzt da sind, Fräulein Luise. Es wurde vorher schon schön und gut von dem Augenblick an, wo Sie kamen, und nun wird jeder Tag herrlicher. Für mich sind Sie der einzige Mensch, an den ich mich hier anschließen konnte, Sie sind jung ..." – „Aber nicht so jung wie Sie, Fritz", warf sie lächelnd ein. – „... und haben nichts mit dem Geschäft zu tun, Sie kommen aus meiner Stadt und kennen sogar die Straße, wo meine Eltern wohnen, für das alles bin ich Ihnen dankbar. Ich weiß wohl, dass das Dinge sind, die Sie ganz gleichgültig lassen, Sie sollen sich auch gar nicht darum kümmern, Sie haben ja Besseres zu tun. Aber wenn ich's kurz sagen soll, ich freue mich eben einfach, dass Sie da sind, sehen Sie, es ist nicht anders, als wenn wir jetzt morgens so einen recht dicken Strauß Anemonen in das alte dunkle Apothekerzimmer stellen, das leuchtet wie ein Sonnenstrahl, und alles nimmt von dem Licht der frohen Blumen an und wird selbst hell und froh davon. Der Blumenstrauß allein weiß nichts davon. So, Fräulein Luise, ist es mit Ihnen."

Luisens Augen lachten hell, als sie sagte: „Es ist ja recht schmeichelhaft, mit einem ganzen Strauß Frühlingsblumen verglichen zu werden. Mir wäre es genug, wenn Sie mich mit einer einzigen Blume verglichen." „Nein, das geht nicht", sagte ich, „wegen des Lichts muss es ein Strauß sein, denn im Vergleich mit der Freude, die von Ihrem Gesicht ausgeht, ist eine Anemone nur Dämmerung. Nein, es muss etwas Leuchtendes sein, was man mit Ihrem Angesicht vergleicht." Luise errötete, wollte nicht weiter darüber geredet haben, ob Strauß oder Blume, sondern fragte mich mit demselben schelmischen Lächeln, das ich vorhin über ihr Gesicht hatte gleiten sehen: „Ist es wirklich ein L, das Sie mit der Kresse gesät haben?" – „Ja, und Ihr L, nur Ihres, das höchste L, das es gibt. Mit Kressensamen, der schnell verrät, sät ich es gern auf jedes frische Beet."

„Nicht weiter", fiel mir Luise ins Wort, und ich verstummte, im Stillen halb und halb erstaunt, mich freuend über meine eigne Kühnheit. Als aber nun Luise mit kühler, absichtlich gesetzter, fast geschäftsmäßiger Stimme sagte: „Es ist nun da und wächst. Was tut man damit? Zum Ausroden ist es zu spät!", bewunderte ich, wie so oft schon, ihre ruhige Überlegenheit und wollte nicht zurückbleiben: „Befehlen Sie es, rode ich es doch noch aus."

„Dazu ist es schon zu spät. Man hat den Buchstaben einmal erkannt. Die Frage ist nur: Was tun wir damit? Onkel, Tante, die Köchin Kathi und alle, die in den Garten kommen, sehen es, und bei diesem Wetter wird es jeden Tag auffallender, nächstens" – und sie lächelte höchst liebenswürdig – „wird es wie ein Transparent in die Welt hinausleuchten. Ich frage Sie, was fangen wir damit an, ehe es uns über den Kopf wächst?"

Ich wusste mir keinen Rat, meinte aber, die Sache sei gar nicht so gefährlich; jetzt, wo ich wisse, dass sie es nicht missverstehe und mir nicht zürne, nähme ich es gern auf mich, möchten doch die andern sagen, was sie wollten.

Fräulein Luise schien damit nicht einverstanden zu sein, das grünende L so auf die leichte Schulter zu nehmen. „Man wird fragen, warum Sie den Anfangsbuchstaben gerade meines Namens hingesät haben, warum nicht des ihrigen? Ein F ist gerade so leicht zu säen wie ein L, und gewöhnlich verewigen doch die Leute am liebsten ihren eigenen Namen."

„Fräulein Luise, Sie wissen ja jetzt, warum ich es getan habe. Ich konnte wahrlich nicht anders."

„Mein Onkel wird es kaum glauben, und Tante sicherlich nicht, sie werden annehmen, Sie seien in mich verliebt!" – Dabei errötete sie sehr lieblich, wirklich anemonenhaft, und ich fand es sehr lieb, dass sie diese Worte so zögernd aussprach, gerade weil sie dabei noch mehr errötete. Zum Glück war aber mein Gewissen ganz rein. Verliebt? Kein Gedanke. Ich konnte ihr mit der offensten Miene von der Welt antworten: „Von Liebe ist keine Spur dabei, dafür stehn Sie viel zu hoch über mir. Mein Ehrenwort, dass ich auch nicht mit einem Gedanken daran gedacht habe, als ich die gefährlichen

Körnlein da ausstreute. Warum soll man denn nur den Namen einer Geliebten mit Kressensamen auf ein frisches Beet streuen können und nicht den eines Freundes, einer Freundin? Muss denn überall Liebe mit dabei sein? Wäre ich Kressensamen, ich verbäte mir, so ohne Weiteres und einseitig immer nur mit Liebe verbunden zu werden. Ich habe einmal von der Liebe gelesen, dass, wenn sie einmal gekommen ist, sie wächst und wächst wie die Flut, überall hindringt, alles ausfüllt. Das muss wahr sein, denn überall liest, überall hört man von ihr, und die reinste selbstloseste Freundschaft muss sich für Liebe beargwöhnen lassen. Ich weiche dieser Flut nicht, und wenn ich so einsam vor ihr stünde wie die Felsenklippen von Helgoland." Ich muss wohl bei dieser Rede wider die Liebe etwas pathetisch geworden sein und die Hand aufs Herz gelegt haben, denn Luise bat mich lachend, keine zu bedenklichen Gebärden zu machen. Aber ich war glücklich, einmal so offen reden zu dürfen. War es doch nicht bloß ein Bekenntnis an das Mädchen, sondern die Aussprache einer jugendlichen, selbsterrungenen Anschauung von Dingen, die mir die wichtigsten erschienen.

„So tief wie Paris unter den Helden der Ilias steht mir die Liebe unter der Freundschaft. Mögen die Dichter sie in krankhaften Versen besingen, die Freundschaft steht mir in jeder Hinsicht höher, und das ist es, wenn ich's denn offen sagen soll und darf, was ich für Sie empfinde, aber ich würde durchs Feuer für Sie gehen."

Friedrich Ratzel

Sonett XXII

Wir sind die Treibenden.
Aber den Schritt der Zeit,
nehmt ihn als Kleinigkeit
im immer Bleibenden.

Alles das Eilende
wird schon vorüber sein;
denn das Verweilende
erst weiht uns ein.

Knaben, o werft den Mut
nicht in die Schnelligkeit,
nicht in den Flugversuch.

Alles ist ausgeruht:
Dunkel und Helligkeit,
Blume und Buch.

Rainer Maria Rilke

Wie mein Kind sich freuen kann!

Wie mein Kind sich freuen kann!
Sieht es nur ein Licht,
sieht es nur ein Blümchen an,
lächelt sein Gesicht.

Welche Freude wird es sein,
wenn's im Frühlingsfeld
laufen kann im Sonnenschein
durch die Blumenwelt!

Wie's die Händchen dann erhebt
nach dem Schmetterling!
Wie's nach allem hascht und strebt!
Nichts ist ihm gering.

Und das Hälmchen in dem Ried
und das Blatt am Strauch,
alles, alles, was es sieht,
alles freut sich auch.

Und wie wird die Freude sein
in der Sommernacht,
wenn der Mond mit güldnem Schein
ihm entgegenlacht!

Freue dich, mein liebes Kind!
Wer sich freuen kann,
ist, sobald er nur beginnt,
schon ein bess'rer Mann!

August Heinrich Hoffmann von Fallersleben

Die Osterglocken verkünden die Auferstehung

Zu den ersten Frühlingsboten zählen die Osterglocken. Goldgelb leuchten sie und verkünden die Auferstehung des Herrn. So wie zu Weihnachten die Christrosen gehören, die im tiefsten Schnee noch blühen, so wie sich mit Pfingsten die rote Pracht der Pfingstrosen verbindet, so gehören zum Osterfest die Osterglocken. Ihr Geläut ist anderer Natur als das der weithin klingenden Kirchenglocken.

Die Kirchenglocken begleiten uns jahraus, jahrein. Sie verkünden freudige Ereignisse und ertönen zu traurigen Anlässen. Sie rufen zum Gottesdienst und laden zum Gebet ein. Am Gründonnerstag bei der Abendmahlfeier erklingen sie noch zum Gloria, um dann zu verstummen. Man sagt, die Glocken seien nach Rom geflogen. Den ganzen Karfreitag schweigen die Glocken und ebenso am Karsamstag. Ministranten mit Klappern und Rätschen sind unterwegs, um die Glocken zu ersetzen. Beim Gloria der Osternacht jubeln dann alle Glocken und rufen ins Land: „Jesus lebt – der Heiland ist erstanden."
Die goldgelben Osterglocken können da nicht

mithalten. Sie wenden sich auch gar nicht an die Ohren, sondern an die Augen. Gold haben die Künstler von jeher für das Göttliche verwandt. Heilige bekamen einen goldenen Schein, um damit anzudeuten, dass sie bei Gott im Himmel sind. Der auferstandene Heiland, der Sieger über Sünde, Tod und Teufel, bekommt aber nicht nur einen Heiligenschein, sondern er wird in der Mandorla dargestellt, um zu zeigen, dass er mehr als ein Heiliger ist, mehr als ein großartiger Mensch: Jesus ist Gottes Sohn und im Himmel daheim. Auferstehung und Himmelfahrt werden zusammengeschaut. Gleichzeitig ist er der wiederkommende Herr, der die Toten und die Lebenden am Jüngsten Tag richten wird.

Dass Gold die Farbe für Gott und die jenseitige Welt ist, das wissen bereits die Kinder. Als in der DDR eine Lehrerin am Montag nicht nur fragte, was am Samstag und Sonntag im Fernsehen zu sehen gewesen ist, sondern sich auch erkundigte, wer von ihnen am Sonntag in der Kirche war, da hatte sie bereits einen Überblick, in welchen Familien man über die Mauer hinausschaute und das Westfernsehen empfing, und in welchen Familien die Erziehung zum Atheismus noch nicht gefruchtet hatte. „Wer war am Sonntag in der Kirche?" Nur ein Finger ging hoch. Die ganze Klasse lachte. Ein schüchternes Mädchen hatte ihn gezeigt. Die Lehrerin wollte das Kind vollends bloßstellen und gleichzeitig beweisen, dass es Gott gar nicht gibt. Sie rief es an die Tafel. „So und jetzt malst du uns den lieben Gott an die Tafel." Das schüchterne Mädchen ging zur Tafel, suchte in den Farbkreiden, schließlich sagte sie zur Lehrerin: „Ich kann den lieben Gott nicht an die Tafel malen. Da brauche ich eine goldene Kreide." Das verschlug sogar der selbstsicheren, staatstreuen Atheistin die Sprache. Keiner in der Klasse lachte mehr.

Vincent van Gogh hat mit seinen Farbkompositionen Stellung bezogen gegen die Gottvergessenheit der Kunst seiner Zeit. Van Gogh liebte die gelbe Farbe, die schwierigste von allen. Die Sonnenblumen hat er immer und immer wieder gemalt. Landschaften, in denen die Sonne alles beherrscht. Sie durchwärmt, sie durchglüht alles. Van Gogh, der zutiefst leidende Künstler, wollte zeigen, dass Gott seine Schöpfung liebt und der Ostermorgen ständige Gegenwart ist. Zwar hat van Gogh keine Osterglocken gemalt, weil sie ihm im Süden Frankreichs nicht begegnet sind, aber den österlichen Gedanken verkünden seine Sonnenblumen, und wenn der Sämann über das Feld geht, steht über allem beherrschend die Sonne. Jesus als das wahre Licht der Welt. „Licht Christi“, singt der Priester in der Osternacht und alle stimmen in den Lobpreis ein: „Gott wir danken dir.“

Eine Legende erzählt von der Entstehung der Osterglocken. Ein Bauer, der längst den Glauben verloren hatte, weder Sonntag noch Feiertag kannte, das Läuten der Glocken nicht mehr hörte und nur in seiner Arbeit lebte, entschloss sich, das Vieh noch vor Ostern auf die Weide zu treiben. Zwar meinte seine Frau, das sei noch zu früh und kein anderer Bauer würde Ähnliches tun, aber das konnte ihn nicht abhalten. Gerne hätte sie noch hinzugefügt, es könne doch kein Segen darauf ruhen, wenn man in den Tagen des Leidens und Sterbens Jesu voller Arbeit sei und auch das Vieh nicht zur Ruhe kommen lasse. Das sagte sie lieber nicht, denn sonst hätte sie wohl einen gewaltigen Fluch zu hören bekommen. Der Bauer machte das Vieh zurecht. Jede Kuh bekam ihre Glocke umgehängt. Das war sein Stolz. Diesen Klang hörte er fast so gerne wie das Klappern der Gold- und Silbermünzen in seinem Geldkasten. Als der Bauer am Karfreitag nach dem Vieh sehen wollte, erfasste ihn ein gewaltiger Schreck. Alle Glocken waren verschwunden. Die Tiere fraßen nicht und starrten ihn mit gläsernen Augen an. Waren sie alle verhext? Wer konnte die Kuhglocken gestohlen haben? Wutentbrannt eilte er zum Bürgermeister, der war jedoch wie das ganze Dorf in der Kirche. Es blieb ihm nichts anderes übrig, als auch zur Kirche zu gehen, wenn er den Bürgermeister erreichen wollte. Der Pfarrer war bereits mitten in der Predigt. Er sprach vom Verrat des Judas und von der Verleugnung des Petrus, vor allem aber von der Liebe Gottes zu uns Menschen, die am Kreuz sichtbar werde. Der Pfarrer schloss seine Predigt mit den Worten: „So sehr hat Gott die Welt geliebt und wo bleibt deine Gegenliebe?“ Diese Worte trafen den Bauern ins Herz. Selbst als er mit dem Bürgermeister über seine Kühe und den Verlust der Glocken sprach, ließen ihm die Worte des Pfarrers keine Ruhe. Der Bürgermeister riet ihm, nichts zu überstürzen, denn an den Feiertagen könne man ohnehin nirgends etwas ausrichten. Und wenn die Kühe nicht fressen wollten, solle er ihnen vom Osterbrot geben, das bei der Speisenweihe im Hochamt gesegnet werde. Als er nach dem Ostergottesdienst mit seiner Frau zum Feld kam, brachten sie dem Vieh das geweihte Brot, voll Freude muhten die Kühe, die Glocken waren wieder von Rom zurück und bimmelten, auf der ganzen Wiese aber prangten wunderbare gelbe Blumen. Seine Frau hatte auch gleich einen Namen: „Das sind

Osterglocken." Der Bauer hatte an diesem Osterfest nicht nur seinen Glauben wiedergefunden, sondern entdeckt, dass Gottes Schöpfung voller Wunder ist. Immer wenn die Osterglocken blühten, dann dachte der Bauer und seine Frau, später auch ihre Kinder und Enkel an die verschwundenen Glocken und ihre stillen goldgelben Geschwister.
Diese Legende von den Osterglocken hat im Lauf der Zeit manche Veränderung erfahren. In manchen Gegenden wird erzählt, die Kuhglocken hätten sich in Osterglocken verwandelt, aber das ist ja das Schöne an einer Legende, ihre Gestalt kann sich verändern, aber der Kern bleibt. Der Kern aber ist, dass die Osterglocken die Freude über den auferstandenen Herrn verkünden wollen. Mit allen Sinnen soll der Mensch erfassen: Jesus lebt.

Ludwig Gschwind

Im Mai, wenn der Sommer nicht mehr weit ist

Der Mai ist gekommen, die Bäume schlagen aus

Der Mai ist gekommen,
die Bäume schlagen aus,
da bleibe, wer Lust hat,
mit Sorgen zu Haus!
Wie die Wolken dort wandern
am himmlischen Zelt,
so steht auch mir der Sinn
in die weite, weite Welt.

Herr Vater, Frau Mutter,
dass Gott euch behüt!
Wer weiß, wo in der Ferne
mein Glück mir noch blüht!
Es gibt so manche Straße,
da nimmer ich marschiert,
es gibt so manchen Wein,
den ich nimmer noch probiert.

Frisch auf drum, frisch auf
drum im hellen Sonnenstrahl!
Wohl über die Berge,
wohl durch das tiefe Tal!
Die Quellen erklingen,
die Bäume rauschen all;
mein Herz ist wie ’ne Lerche
und stimmet ein mit Schall.

Und abends im Städtlein,
da kehr ich durstig ein:
„Herr Wirt, eine Kanne,
eine Kanne blanken Wein!
Ergreife die Fiedel,
du lustiger Spielmann du,
von meinem Schatz das Liedel,
das sing ich dazu.“

Und find ich keine Herberg’,
so lieg’ ich zur Nacht
wohl unter blauem Himmel,
die Sterne halten Wacht;
im Winde die Linde,
die rauscht mich ein gemach,
es küsset in der Frühe
das Morgenrot mich wach.

O Wandern, o Wandern,
du freie Burschenlust!
Da wehet Gottes Odem
so frisch in die Brust;
da singet und jauchzet
das Herz zum Himmelszelt;
wie bist du doch so schön,
o du weite, weite Welt!

Emanuel Geibel

Im wunderschönen Monat Mai

Im wunderschönen Monat Mai,
als alle Knospen sprangen,
da ist in meinem Herzen
die Liebe aufgegangen.
Im wunderschönen Monat Mai,
als alle Vögel sangen,
da hab ich ihr gestanden
mein Sehnen und Verlangen.

Heinrich Heine

Maikäfer, flieg!

Man soll nicht alles lesen, was an Bauzäunen und Plakatsäulen steht. Möglicherweise liest man im ungeeigneten Augenblick: ENTHEMMEN SIE SICH DURCH FREIES REDEN!
Aber nun geht es einem mit den Anschlagsäulen so wie mit Fernsehsendungen: Man sollte sich nicht alles ansehen und sieht doch immer wieder hin. So las ich vor Kurzem das Plakat:
SONNTAG GROSSE MAIKÄFER-BEKÄMPFUNG UNTER MITWIRKUNG DER BEVÖLKERUNG.
Das erboste mich. Ich liebe Maikäfer: zunächst einmal wegen ihres oft gerühmten Liebeslebens, dann aber auch, weil sie die Vorboten des Sommers sind. Als Knabe hatte ich sie in Schuhkartons gesammelt, mit Kastanienblättern verpflegt, und nun ...
Ich rief den Tierschutzverein an. Am Telefon war ein brummiger Herr. Er erklärte sich für Maikäfer nicht zuständig.
Ich beschloss, auf eigene Faust zu handeln. Zunächst ging ich hinüber zum Spielplatz und versammelte eine Schar Kinder um mich, dann gründete ich den VDM, den Verein Deutscher Maikäferfreunde. Ich versprach den Kindern

zehn Pfennig für jeden Käfer, den sie mir in die Wohnung bringen würden.

Am Sonntagmorgen ging's los. Kinder sind Frühaufsteher, und um 6.30 Uhr hatte ich die ersten zwei Kartons voll Maikäfer im Haus. Während des Vormittags klingelte und klopfte es ununterbrochen. Ich suchte nach Zigarrenkisten, Schuhkartons und kleinen Koffern. Natürlich machte sich der eine oder andere Maikäfer selbstständig und krabbelte in meinem Zimmer herum. Beim Stapeln der vierzehnten Kiste fiel ein ganzer Kartonturm um. Mein verzweifeltes Bemühen, ihn wieder aufzurichten, schlug fehl. Meine Aktion hatte mich bis dahin bereits zweiundsechzig Mark gekostet. Ich wurde besorgt, denn bis Montag, dem Ende der Vernichtungsaktion, wollte ich die Maikäfer im Hause behalten.

Nachmittags wurde es bedrohlich. Neue Kinder, neue Kartons, neue Maikäfer. Ich kam nicht mehr zum Zählen. Die Kartons stapelten sich im Badezimmer und im Korridor. Als ich gegen Abend Licht im Zimmer anknipste, stieg ein gewaltiger Schwarm von Maikäfern aus Schrank und Bett, Gardinen und umgestülpten Schachteln in Richtung Lampe auf. Es war ein herrlicher, brummender Chor. Mit einer Taschenlampe konnte ich durch das Zimmer gehen, und willig folgte der ganze Schwarm dem Lichtstrahl.

Bei diesem Dressurakt wurde ich plötzlich von meiner Frau unterbrochen. So hatte ich sie noch nie erlebt. Gegen meinen Willen riss sie die Fenster auf. Aber – kein Maikäfer flog aus dem hellen Zimmer in die dunkle Nacht hinaus. Im Gegenteil, neue Maikäfer, also ungekaufte, flogen herein.
Die Nacht verbrachte ich schlaflos. Als der Morgen graute, entdeckten die Maikäfer die grünen Bäume und Felder vor dem Fenster. Es war Montag. Die große Vernichtungsaktion der Stadt war vorüber. Ich hatte gesiegt! Ich hielt eine kurze Ansprache, die in dem Abschiedsruf gipfelte: „Maikäfer, fliegt! Genießt die deutschen Wälder!" Ich riss die Fenster auf, die Käfer formierten sich zu einem großen Geschwader und zogen ab.
Eine Viertelstunde später kam der von meiner Frau herbeigerufene Kammerjäger. Er fand nur noch einen völlig ermatteten Käfer vor.
Der gefühlvolle Kammerjäger hob das kleine Owehchen sorgfältig mit zwei Fingern auf und nahm es mit nach Hause. Denn seine Jungen, sagte er, lieben Maikäfer.

Peter Frankenfeld

Es gibt keine Maikäfer mehr

Wenn ich vor dem neuen Parkhaus stehe,
denk' ich manchmal dran,
Wie das früher hier mal aussah,
eh' der große Bau begann:
Da, gleich an der Einfahrt, an der Kasse,
da war Schlüters Haus.
Und gleich dort, neben der Schranke,
da wohnte die alte Kraus.
Bei der stieg ich regelmäßig
jedes Frühjahr über'n Zaun,
und genauso regelmäßig
wurde ich dafür verhau'n.
In den Garten wagten sich
die Nachbarskinder nicht und so
gab's darin zur Maikäferzeit
viel mehr als sonst anderswo.
Ich seh' mich noch heute loszieh'n
mit dem großen Schuhkarton,
mit den Luftlöchern im Deckel
zu mancher Expedition;
und ich rüttelte an Bäumen,
und ich wühlte auch im Moos.
Die Erfolge waren prächtig und
mein Trickreichtum war groß.

Würd' ich heut noch einmal loszieh'n,
blieb mein Schuhkarton wohl leer;
selbst ein guter Käferjäger
brächte keinen Schornsteinfeger,
keinen Müller, erst recht keinen Kaiser her:
Es gibt keine Maikäfer mehr,
es gibt keine Maikäfer mehr!

Hin und wieder sah der alte Schlüter
meine Beute an.
Der war Maikäferexperte
und erinnerte sich dran,
dass die Käfer damals eine Plage waren,
dass sogar
dem, der die meisten einfing,
eine Prämie sicher war,
dass die Kinder schulfrei kriegten
für den Maienkäferfang,
und er sagte, dass ihm damals
mancher schöne Coup gelang.
Und die Zahlen, die er nannte,
die beeindruckten mich tief,
sodass ich mit meiner Beute
fast beschämt nach Hause lief.
Wenn ich heut' noch einmal halb so viel
wie damals fangen könnt',
würd ich wohl' zum König aller
Maikäfersucher gekrönt.
Nicht, dass ich vergessen hätte,

wie und wo man welche fängt,
oder aus dem Alter raus bin,
wo es einen dazu drängt.
Nein, würd' ich noch einmal loszieh'n,
blieb mein Schuhkarton wohl leer;
selbst ein guter Käferjäger
brächte keinen Schornsteinfeger,
keinen Müller, erst recht keinen Kaiser her:
Es gibt keine Maikäfer mehr,
es gibt keine Maikäfer mehr!

Es gibt wichtigere Dinge,
aber ich schreibe trotzdem
auf ein Birkenblatt die Noten
für ein Käferrequiem.
Es gibt sicher ein Problem,
dessen Erforschung sich mehr lohnt
als, warum denn heut' im Parkhaus
wohl kein Maikäfer mehr wohnt.
Warum kriecht im Eichbaum, der davorsteht,
keiner im Geäst?
Wenn mir diese Frage letzten Endes
keine Ruhe lässt,
dann vielleicht, weil ich von ihnen
einst gelernt hab', wie man summt,
wie man kratzt und wie man krabbelt,
wie man zählt und wie man brummt,
wie man seine Fühler ausstreckt
und natürlich, weil ich find',

dass sie irgendwie entfernte
Namensvettern von mir sind.
Vielleicht ängstigt mich ihr Fortgeh'n,
denn vielleicht schließ' ich daraus,
vielleicht geh'n uns nur die Maikäfer
ein kleines Stück voraus.
Denn würd ich noch einmal loszieh'n,
blieb mein Schuhkarton wohl leer;
selbst ein guter Käferjäger
brächte keinen Schornsteinfeger,
keinen Müller, erst recht keinen Kaiser her:
Es gibt keine Maikäfer mehr,
es gibt keine Maikäfer mehr!

Reinhard Mey

Das Fest der Pfingsten kommt im Hall der
Glocken,
da jauchzet in Frühlingsschauern die Natur;
auf jedem Strauch des Waldes und der Flur
schwebt eine Ros' als Flamme mit Frohlocken.

Emanuel Geibel

Pfingstbestellung

Ein Pfingstgedichtchen will heraus
ins Freie, ins Kühne.
So treibt es mich aus meinem Haus
ins Neue, ins Grüne.

Wenn sich der Himmel grau bezieht,
mich stört's nicht im Geringsten.
Wer meine weiße Hose sieht,
der merkt doch: Es ist Pfingsten.

Nun hab ich ein Gedicht gedrückt,
wie Hühner Eier legen,
und gehe festlich und geschmückt
– Pfingstochse meinetwegen –
dem Honorar entgegen.

Joachim Ringelnatz

Hab Sonne im Herzen

Hab Sonne im Herzen,
ob's stürmt oder schneit,
ob der Himmel voll Wolken,
die Erde voll Streit ...,
hab Sonne im Herzen,
dann komme, was mag:
Dann leuchtet voll Licht dir
der dunkelste Tag!

Hab ein Lied auf den Lippen,
mit fröhlichem Klang,
und macht auch des Alltags
Gedränge dich bang ...,
hab ein Lied auf den Lippen,
dann komme, was mag:
Das hilft dir verwinden
den einsamsten Tag!

Hab ein Wort auch für andre
in Sorg und in Pein
und sag, was dich selber
so frohgemut lässt sein:
Hab ein Lied auf den Lippen,
verlier nie den Mut,
hab Sonne im Herzen,
und alles wird gut!

Cäsar Flaischlen

Lob auf den Juni

Der Mai umschmeichelte uns mit Kirsch-, Kastanien- und Apfelblüten. Fliederduft und der Blütenschaum der Schlehen verwirren uns, sodass wir die schlichteren Blüten des Junis kaum beachten.

Aber alles Grün ist am grünsten im Juni, wenn der Holunder uns seinen südlichen Duft auf weißen Tellern hinhält, die sich später im Jahr mit blauschwarzen Beeren füllen.

Am Wegrand stehen die Heckenrosen; zart ist ihr Rosa, scheu ist ihr Duft, glanzrot sind später die Hagebutten. Der Ginster bringt uns das Märchengold der Kindheit zurück, während hinter den Goldtropfen bereits die Entwürfe seiner haarigen Schoten auf ihre Verwirklichung warten. Das strebende Blau der steilen Lupinen breitet den Weitsprung der Samen vor, und das Labkraut preist sich mit Honigduft an. Die versteinten Robinien münzen gesammelten Stickstoff zu Trauben aus Blüten um, deren Duft die Bienen von weit her herbeiruft. Der Nelkenwurz sorgt mit gelben Insektenreizen schon für die buntborstigen Samenkugeln. Das Flirren und Sirren von Käfer- und Bienenflügeln um die strohfarbenen Lindenblüten summiert sich zum Brausen. Erinnerungen ziehen herauf: Jener Orgelbaum, der den Hof des Elternhauses eindunkelte; jener milde Lindenblütenduft, der durchs geöffnete Schlafkammerfenster bis in unsere Träume drang; jener duftende Dampf vom Aufguss der getrockneten Blüten, der die jachen Fieber der Kindheit dämmte.

Nicht zu reden von Gräsern und Kräutern. Der Mai ließ sie wachsen, aber der Juni öffnet ihnen die Knospen. Die Rehe setzen ihre Kitze in die blühenden Graswälder zwischen Hahnenfuß, Glockenblumen und Klee.

Niemand kann hinreichend erklären, weshalb die Nachtnelke ihren Duft tagsüber für die Juniabende zurückhält. Man könnte den alten Kinderstreit heraufbeschwören: Was war früher da, die Henne oder das Ei? Sorgen die Nachtnelken mit ihrem Nektar für das Fortbestehen der Nachtfalter, oder sorgen die Nachtfalter mit ihren zitternden Flügeln für das Fortbestehen der Nachtnelken?

Das alles geschieht im Juni, wenn in den Nächten ein Streif Tag über den Wäldern stehen bleibt bis zum Morgendämmern.

Über den Mai wurden viele Gedichte geschrieben, aber wer schreibt eines über den Juni? Hat es den Dichtern das Wort „Mai“ angetan, das sich willig auf „tarandei“, „frei“ und „vorbei“ reimt? Wie auch immer und meinetwegen, aber unterschätzt mir den Juni nicht, den Juni mit den wandernden Blütenstaubwolken des Korns!

Erwin Strittmatter

Quellenverzeichnis

Texte:

Barbara Cratzius, „Wie die Schlüsselblumen ihren Namen bekamen", aus: Dies., Fröhliche Frühlings-Osterzeit. Singen, lesen, basteln, feiern - mit vielen bunten Ostereiern. Illustriert von Hans-Günther Döring © Verlag Herder GmbH, Freiburg i. Br. 2001, S. 10f

Willi Fährmann, Das neue Leben – oder: Wie das Ei zum Osterei wurde © Alle Rechte beim Autor

Peter Frankenfeld, Die erste Frühlingssonne war schuld; Maikäfer, flieg!; Ostereier, entnommen aus: Peter Frankenfeld, Humor ist Trumpf © 1980 by F.A. Herbig Verlagsbuchhandlung GmbH, München

Ludwig Gschwind, Die Osterglocken verkünden die Auferstehung © Alle Rechte beim Autor

Klaus-Peter Hertzsch, Weg nach Emmaus © Klaus-Peter Hertzsch Erben, Jena

Erich Kästner, „Der Lenz verschiebt seine Premiere", aus: Erich Kästner, Gesammelte Schriften, Atrium Verlag, Zürich 1958 © Thomas Kästner

Rolf Krenzer, Omas Ostereierüberraschung © Rolf Krenzer Erben, Dillenburg

Reinhard Mey, Es gibt keine Maikäfer mehr Text Reinhard Mey, aus „Alle Lieder" Edition Reinhard Mey, Berlin

Erwin Strittmatter, Frühlingsplätze, aus: ¾ hundert Kleingeschichten © Aufbau Verlag GmbH & Co. KG, Berlin 1971, 2008 (die Ausgabe erschien erstmals 1971 im Aufbau-Verlag Berlin und Weimar)

Erwin Strittmatter, Lob auf den Juni, aus: Erwin Strittmatter: Erster Kuckucksruf © Aufbau Verlag GmbH & Co. KG, Berlin 1971, 2008 (die Originalausgabe erschien 1971 im Aufbau-Verlag Berlin und Weimar)

Illustrationen:

Cover, 3, 8, 29, 37, 77, 108: © olga_igorevna/Fotolia; S. 11: © Olesya Turchuk/Shutterstock; S. 39: © svemar/Fotolia; S. 48: © Aloksa/Fotolia; S. 54: © tanycya/Fotolia; S. 66, 69, 74, 112, 126: © Depiano/Shutterstock; S. 79: © prikhnenko/Fotolia; S. 98: © Jane Lane/Fotolia; S. 101: © Nebula Cordata/Fotolia; S. 111: © laplateresca/Fotolia; S. 119: © la_balaur/Fotolia; S. 120: © Valenty/Fotolia; S. 123: © zzorik/Fotolia.

Wir danken allen Inhabern von Text– und Bildrechten für die Abdruckerlaubnis. Der Verlag hat sich bemüht, alle Rechteinhaber in Erfahrung zu bringen. Für zusätzliche Hinweise sind wir dankbar.

Bibliografische Information der Deutschen Nationalbibliothek
Die Deutsche Nationalbibliothek verzeichnet diese
Publikation in der Deutschen Nationalbibliografie;
detaillierte bibliografische Daten sind im Internet unter
http://dnb.d-nb.de abrufbar.

ISBN 978-3-7462-4893-6

Zusammenstellung: Volker Bauch, Leipzig
Umschlaggestaltung: Ulrike Vetter, Leipzig
Gesamtherstellung: Kontext, Lemsel (A)